U0671786

传统农区工业化与社会转型丛书

传统农区工业化与社会转型丛书

丛书主编／耿明斋

地方治理体系现代化探索

河南省市县并立体制研究

中原发展研究院课题组 ◇ 著

E

xploration on Modernization of

Local Governance System

社会科学文献出版社

SSAP

SOCIAL SCIENCES ACADEMIC PRESS (CHINA)

　　本项研究及著作的撰写出版得到了河南大学校长基金、中原发展研究基金会、新型城镇化与中原经济区建设河南省协同创新中心、河南省高等学校人文社会科学重点研究基地中原发展研究院，以及河南省发改委与财政厅政府购买服务项目等的经费支持。

课题组成员

课题总负责人　娄源功

本项目负责人　耿明斋

成　　　员　（以写作顺序为序）

刘素姣　李有学　刘　涛　陈少克

谢周亮　马翠军　崔会敏　张建秋

如果不考虑以渔猎、采集为生的蒙昧状态，人类社会以18世纪下半叶英国产业革命为界，明显地可分为前后两个截然不同的阶段，即传统的农耕与乡村文明社会、现代的工业与城市文明社会。自那时起，由前一阶段向后一阶段的转换，或者说社会的现代化转型，已成为不可逆转的历史潮流。全世界几乎所有的国家和地区都曾经历或正在经历从传统农耕与乡村文明社会向现代工业与城市文明社会转型的过程。中国社会的现代化转型可以追溯到19世纪下半叶的洋务运动，然而，随后近百年的社会动荡严重阻滞了中国社会全面的现代化转型进程。

中国真正大规模和全面的社会转型以改革开放为起点，

农区工业化潮流是最强大的推动力。正是珠三角、长三角广大农村地区工业的蓬勃发展，才将越来越广大的地区和越来越多的人口纳入工业和城市文明发展的轨道，并成就了中国"世界工厂"的美名。然而，农耕历史最久、农耕文化及社会结构积淀最深、地域面积最大、农村人口最集中的传统平原农区，却又是工业化发展和社会转型最滞后的地区。显然，如果此类区域的工业化和社会转型问题不解决，整个中国的现代化转型就不可能完成。因此，传统平原农区的工业化及社会转型问题无疑是当前中国最迫切需要研究解决的重大问题之一。

使我们对传统农区工业化与社会转型问题产生巨大兴趣并促使我们将该问题锁定为长期研究对象的主要因素，有如下三点。

一是关于工业化和社会发展的认识。记得五年前，我们为申请教育部人文社科重点研究基地而准备一个有关农区工业化的课题论证时，一位权威专家就对农区工业化的提法提出了异议，说"农区就是要搞农业，农区的任务是锁定种植业的产业结构并实现农业的现代化，农区工业化是个悖论"。两年前我们组织博士论文开题论证时，又有专家提出了同样的问题。其实对这样的问题，我们自己早就专门著文讨论过，但是，一再提出的疑问还是迫使我们对此问题做更深入的思考。事实上，如前所述，从社会转型的源头上说，最初的工业都是从农业中长出来的，所以，最初的工业化都是农区工

业化，包括 18 世纪英国的产业革命，这是其一。其二，中国
20 世纪 80 年代初开始的大规模工业化就是从农区开始的，
所谓的苏南模式、温州模式不都是农区工业发展的模式么？
现在已成珠三角核心工业区的东莞市 30 年前还是典型的农业
大县，为什么现在尚未实现工业化的农区就不能搞工业化了
呢？其三，也是最重要的，工业化是一个社会现代化的过程，
而社会的核心是人，所以工业化的核心问题是人的现代化，
一个区域只有经过工业化的洗礼，这个区域的人才能由传统
向现代转化，你不允许传统农区搞工业化，那不就意味着你
不允许此类地区的人进入现代人的序列么？这无论如何也是
说不过去的。当然，我们也知道，那些反对农区搞工业化的
专家是从产业的区域分工格局来讨论问题的，但是要知道，
这样的区域分工格局要经过工业化的洗礼才会形成，而不能
通过阻止某一区域的工业化而人为地将其固化为某一特定产
业区域类型。其四，反对农区工业化的人往往曲解了农区工
业化的丰富内涵，似乎农区工业化就是在农田里建工厂。其
实，农区工业化即使包含着在农区建工厂的内容，那也是指
在更广大的农区的某些空间点上建工厂，并不意味着所有农
田都要变成工厂，也就是说，农区工业化并不意味着一定会
损害乃至替代农业的发展。农区工业化最重要的意义是将占
人口比例最大的农民卷入社会现代化潮流。不能将传统农区
农民这一占人口比例最大的群体排除在中国社会的现代化进
程之外，这是我们关于工业化和社会发展的基本认识，也是

我们高度重视传统农区工业化问题的基本原因之一。

二是对工业化发生及文明转换原因和秩序的认识。从全球的角度看，现代工业和社会转型的起点在英国。过去我们有一种主流的、被不断强化的认识，即中国社会历史发展的逻辑进程与其他地方——比如说欧洲应该是一样的，也要由封建社会进入资本主义社会，虽然某一社会发展阶段的时间起点不一定完全一致。于是就有了资本主义萌芽说，即中国早在明清乃至宋代就有了资本主义萌芽，且迟早要长出资本主义的大树。这种观点用另一种语言来表述就是：即使没有欧洲的影响，中国也会爆发产业革命，发展出现代工业体系。近年来，随着对该问题研究的深入，提出并试图回答类似"李约瑟之谜"的下述问题越来越让人们感兴趣，即在现代化开启之前的1000多年中，中国科学技术都走在世界前列，为什么现代化开启以来的最近500年，中国却远远落在了西方的后面？与工业革命联系起来，这个问题自然就转换为：为什么产业革命爆发于欧洲而不是中国？虽然讨论仍如火如荼，然而一个无可争议的事实是：中国的确没有爆发产业革命，中国的现代工业是由西方输入的，或者说是从西方学的。这一事实决定了中国工业化的空间秩序必然从受西方工业文明影响最早的沿海地区逐渐向内陆地区推进，不管是19世纪下半叶洋务运动开启的旧的工业化，还是20世纪80年代开启的新一轮工业化，都不例外。现代工业诞生的基础和工业化在中国演变的这一空间秩序，意味着外来的现代工业生产方式和与此相应的经济社会结构在替代中国固有的传统农业生产方式和相应的经济社会结构的过程中，一定包含着前者对后者的改造和剧烈的冲突。而传统农耕文明历史最久、经济社会乃至文化结构积淀最深的传统农区，一定也是现代工业化难度最大、遇到障碍最多的区域。所以，将传统农区工业化进程作为研究对象，或许更容易发现两种不同文明结构的差异及冲突、改造、替代的本质和规律，从而使得该项研究更具理论和思想价值。

三是对我们所处的研究工作环境和知识积累的认识。我们中的很多人都来自农民家庭，我自己甚至有一段当农民的经历，我们工作的河南省又是全国第一人口大省和第一农民大省，截至 2008 年末，其城市化率也才不到 40%，也就是说，在将近 1 亿人口中，有近 7000 万人是农民，所以，我们对农民、农业、农村的情况非常熟悉，研究农区问题，我们最容易获得第一手资料。同时，我们这些土生土长的农区人，对该区域的现代化进程最为关注，也有着最为强烈的社会责任感，因此，研究农区问题我们最有动力。还有，在众多的不断变化的热点经济社会问题吸引相当多有抱负的经济学人的情况下，对事关整个中国现代化进程的传统农区工业化和社会转型问题进行一些深入思考可能是我们的比较优势。

我个人将研究兴趣聚焦到农区工业化上来始于 20 世纪 90 年代中期，进入 21 世纪以来，该项研究占了我越来越多的精力和时间。随着实地调查机会的增多，进入视野的令人感兴趣的问题也越来越多。与该项研究相关的国家社科基金重点项目、一般项目以及教育部基地重大项目的相继立项，使研究的压力也越来越大。值得欣慰的是，该项研究的意义越来越为更多的学者和博士生及博士后研究人员所认可，研究队伍也越来越大，展开的面也越来越宽，研究的问题也越来越深入和具体。尤其值得一提的是日本大学的村上直树教授，他以其丰厚的学识和先进的研究方法，将中国中原地区的工业化作为自己重要的研究方向，且已经取得了重要进展，并打算与我们长期合作，这给了我们很大的鼓舞。

总之，研究对象与研究领域已经初步锁定，研究队伍已聚集起来，课题研究平台在不断拓展，若干研究也有了相应的进展。今后，我们要做的是对相关的研究方向和研究课题做进一步的提炼，对研究队伍进行优化整合，对文献进行更系统的批判和梳理，做更多的实地调查，力争从多角度来回答若干重要问题，比如：在传统农业基础上工业化发生、发育的基础和条件是什么？工业化究竟能不能在传统农业的基础上内生？外部的因素对传统农区工业化的推进究竟起着什么样的作用？从创业者和企业的行为方式看，工业企业成长和空间演进的轨迹是怎样的？在工业化背景下，农户的行为方式会发生怎样的变化，这种变化对工业化进程又会产生怎样的影响？县、乡等基层政府在工业化进程中究竟应该扮演何种角色？人口流动的方向、方式和人口居住空间结构调整演进的基本趋势是什么？这是一系列颇具争议但又很有研讨价值的问题。我们将尝试弄清楚随着工业化的推进，传统农业和乡村文明的经济社会结构逐步被破坏、被改造、被替代，以及与现代工业和城市文明相适应的经济社会结构逐步形成的整个过程。

按照目前的打算，今后相当长一个时期内，我们的研究都不可能离开传统农区工业化与社会转型这一领域，我们也期望近期在若干主要专题上能有所突破，并取得相应的研究成果。为了将所有相关成果聚集到一起，以便让读者了解到我们所研究问题的全貌，我们决定编辑出版"传统农区工业化与社会转型丛书"。我们希望，随着研究的推进，每年能拿出三到五本书的相关成果，经过3~5年，能形成十几乃至二十本书的丛书规模。

感谢原社会科学文献出版社总编辑邹东涛教授，感谢该社皮书出版分社的邓泳红，以及所有参与编辑该套丛书的人员，是他们敏锐的洞察力、强烈的社会责任感、极大的工作热情和一丝不苟的敬业精神，促成了该套丛书的迅速立项，并使出版工作得以顺利推进。

耿明斋

2009 年 6 月 14 日

社会治理体系现代化与
省直管县体制改革
（代序）

党的十八届三中全会通过的《中共中央关于全面深化改革若干重大问题的决定》明确提出要实现社会治理体系和治理能力的现代化。什么是社会治理体系，其本质或目标是什么，关键环节或难点在哪里，如何看待社会治理体系的演化，怎样从社会治理体系现代化的角度来看待省直管县改革？这一系列问题都值得思考或探索。

一 什么是社会治理体系？

社会是人的集合，由众多个体构成的社会必定会产生不同于个体事务的公共事务，处理这些公共事务需要有一些原则、规则和组织，这些原则、规则和组织的集合，就是社会治理体系。

比如，社会稳定存在的前提是组成社会的个体之间在行为方式上不相互冲撞，避免个体之间日常行为的相互冲撞就是首先要处理的公共事务。处理此类公共事务需要社会成员个体对可能影响他人的一些基本行为有共同的认知，即所谓有一套绝大多数社会成员公认的是非标准或价值判断，以实现自我约束和相互约束，达到社会稳定有序的目的。例如，"尊老爱幼""买卖公平""己所不欲，勿施于人""滴水之恩，当涌泉相报"等，就是中国社会共同的是非标准和价值判断，是中国社会文化的内核与个体行为自我约束及相互约束的基本原则，也是社会治理体系的重要组成部分。

进一步说，依靠共同的是非标准和价值判断达到自我约束和相互约束的目的，适用于绝大多数人，但无法适用于所有人，总有少数人破坏这些基本原则。如"不许偷盗"是共识，但总有人偷盗；"不许杀人"是共识，总有人杀人。针对这些违背基本原则的少数个体，要制定成文的规则和相应的惩治处罚措施。还有，随着社会进步、人口聚集，社会复杂程度越来越高，出现了越来越多并不涉及"好坏""是非"价值判断，却对社会有序运行十分重要的需要规范的行为，如"红灯停，绿灯行"及"靠左"或"靠右"行等就属于这一类。再有，处理公共事务既需要人力，也需要物力，因而需要相应的公共支出。为应付这些公共支出，就需要从社会成员处获取公共收入，即需要社会成员纳税。谁来纳税，纳多少税，按什么标准纳税，涉及社会成员之间利益关系的处理，需要一套严格而复杂的规则体系加以规范。除了涉及社会成员之间关系的内部公共事务，还有涉及与其他社会群体之间关系的外部事务，如防范外部侵犯的国防和处理正常外部关系以维护本社会群体利益的外交等，也需要制定相应的成文规则体系。随着社会的现代化和公共事务的增多，规范社会成员个人及各类社会主体行为的规则体系越来越多，这些规则体系一般以各种法律法规的形式存在，其最高形式是国家宪法。

社会治理不仅需要不成文的是非标准和价值判断（与新制度经济学家诺斯所说的非正式规则类似）所形成的基本原则，以及以法律法规形式存在的成文规则体系（与诺斯所说的正式规则类似），而且需要保证原则和规则实施、推动社会正常运转的相应组织架构，如政府组织和非政府组织等。

基于上述认识，社会治理体系可以表述为：出于处理公共事务的需要，以规范社会成员个体及其他各类社会主体行为、保证社会稳定有序运行、维护社会成员共同利益为目的，由在特定是非标准和价值标准基础上形成的基本原则、规范各种利益关系和行为的成文规则体系，以及保障规则执行的组织架构构成的意识形态、经济基础和上层建筑体系。

二 社会治理的终极目标与实现条件

社会治理的终极目标不外乎两个：一是社会秩序的持续稳定；二是发展和社会成员福利的持续增进。要实现这两个目标，需要一系列前提和条件。

首先要有共同的是非标准与价值判断，从而能够使绝大多数社会成员的行为通过自我规范和相互规范，相向而不是相对，保持合作而不是冲突。社会秩序紊乱的常态表现是社会成员或社会群体之间的冲突，最容易引起持续冲突的因素是是非标准和价值判断的差异，这种差异又往往以族群差异和宗教差异的形式表现出来。因此，世界上族群和宗教差异最大、数量最多又最错综复杂的地区，往往是最容易引起冲突、社会秩序最不容易稳定的地区，比如曾经的巴尔干半岛和当下的中东地区。秩序持续紊乱的社会当然也就谈不上发展和社会成员福利的持续增进了。

其次要有完善、合理且持续稳定的成文规则体系。完善意味着足够的覆盖面，没有遗漏或较少遗漏，从而不会因为某个领域没有规则而导致紊乱。这对快速发展和日益复杂的现代社会尤为重要。合理意味着符合由人性决定的价值判断和普遍认可的行为规范。比如追求利益最大化是绝大多数人的基本行为方式，成文规则体系应该顺应而不是逆该种行为方式来制定。再比如，生而平等是绝大多数人的价值判断和共同追求，成文规则体系应该体现对这种基本权利的保障。持续稳定意味着连续性和基本规则的长期不变。如前所述，成文规则的数量会随着社会发展而不断增多，成文规则体系的规模会不断膨胀，但其蕴含的基本精神或起决定性作用的基本规则不能经常改变。基本规则如果经常变，就一定会招致社会的紊乱。放眼世界，凡是较为稳定的社会，都是体现基本规则的宪法和主要法律法规很少改变的社会；凡是不稳定的社会，往往是体现基本规则的宪法和法律法规频繁改变的社会。完善、合理、稳定的成文规则体系是社会长期稳定的保障，也是发展和社会成员福利持续增进的条件。

最后要有稳定的组织体系。组织是规则的践行者，也是规则得以执行的保障。没有稳定的社会组织，也就不可能有稳定的社会以及持续的发展和社会成员福利的增进。组织稳定的条件，一是组织要由规则产生，而不是组织产生规则；二是履行组织功能的代理人更替要依规有序。一般来说，合理的规则体系是建立在社会广泛共识基础上的，由此类规则体系产生的组织，其职责就是遵循规则并保证规则得到贯彻。反过来，组织若不是由合理规则产生的，那么它就不会自觉遵循规则，且一定会按自己的意愿制定规则。由组织制定的规则一定是优先维护和服务于组织自身利益的，并且在很多情况下会违背社会共识和有害于社会绝大多数成员的利益。这样的社会不可能持续稳定发展。同样道理，组织代理人不依规有序产生和更替，而自行产生或自定更替规则，社会也不可能持续稳定发展。我们看到，当今世界凡是持续稳定发展的社会，组织几乎都是由规则产生而不是制定规则，组织职能代理人更替也是依规有序进行的；反之，凡是组织自行产生和自定规则、组织职能代理人按自设规则更替的社会，动乱并中断发展进程的危机总是频繁发生。

三　社会治理的关键环节与难点

如上所述，共同的价值观、合理的规则体系及相应的组织体系等，是实现社会治理终极目标即稳定与发展的基本条件。但是，每一类条件都包含了众多因素，这些因素在各自的条件体系中所起的作用是不一样的，有主有次，有的重要有的不那么重要。我们不妨把在各自条件体系中起主导作用并产生重要影响的因素称为关键环节与难点，对这些关键环节与难点的处理，会对社会治理终极目标的实现产生重大影响。这些关键环节与难点大体上有以下三方面内容。

一是不断主动吸纳外来元素，持续丰富和发展文化价值观，甚至被改造。文化价值观作为社会成员对是非标准的认同与共识，对规范和引导绝大多数社会成员的行为起着最为重要的作用，而被绝大多数社会成员认同的行为，既是稳定社会秩序建立和持续的前提，也是影响社会发展的基本因素。而共识面和共识层次则是对稳定和发展最关键的因素，共识面越广，共识层次越高，社会越容易稳定，发展也越可以持续。一个社会共识面的不断拓展和共识层次的不断提升，要靠这个社会的文化价值观在与外来文化价值观碰撞交流中主动汲取后者有益的东西。这一点又是最困难的，因为这常常需要把自己文化价值观中认为不对的东西转换为对的，把自己认为对的东西转换成不对的，换句话说要革自己的命，革自己祖宗的命，其难度可想而知。从清朝乾隆时代拒绝英国使团的通商请求，到21世纪初中国主动加入世界贸易组织，再到目前中国成为世界自由贸易的旗手，中国人对开放并融入世界市场体系的认识经历了200多年，并付出了高昂的代价，可见要改变一个社会固有的共识有多难。

二是在从社会成员处获取财富以应付公共事务支出和分享公共服务之间找到均衡点。社会之所以为社会，是因为它是人的集合，因而有超出个人事务之外的公共事务，而处理这些公共事务是需要消耗社会财富的，消耗的这些社会财富只能从财富的原始创造者，即社会成员个人或其他相关主体那里获取。但究竟从谁那里取，取多少，如何取等，都是十分复杂的问题。取的对象不对，或数量不对，或方法不对，都可能伤及财富原始创造者，甚至影响社会的稳定与发展。反过来，公共事务体系中的一个重要组成部分是公共服务和公共福利，并且随着社会的现代化发展，这一部分的比重越来越大。这些公共服务和公共福利如何分享也是十分复杂的问题，处理不好，也会影响社会的稳定和发展。尤其是其中涉及照顾低收入者等社会弱势群体的部分，如果不足会导致这个群体的不安，影响社会稳定，如果过度，会养懒一些人，使这个群体产生惰性，从而影响社会发展。找到社会从原始创造者处获取财富与社会公众分享公共服务的均衡点，是当今社会治理中普遍存在的焦点和难点。

三是确立组织代理人由规则产生的秩序并对其实施有效监督。前面我们说过，组织作为规则的践行者和规则贯彻的保障，在社会治理体系中是十分重要的，而组织的功能职责是由其代理人来履行的，因此，保证代理人的产生和更替依规有序是更重要的。制定组织代理人产生和更替的规则是一项比较困难的任务，因为规则制定的主导者不仅需要将自己置身事外，而且要处理诸如选举等十分复杂的问题。同样，对组织代理人实施监督，保证组织代理人在履行组织职责时不夹带"私货"，不假借公共事务之名谋取私人或私人集团利益，不贪赃枉法，其难度一点也不亚于前者。当今世界，不仅大多数国家尚未建立组织代理人依规有序产生和更替的规则，而且即使已经建立此类规则的国家，如何保证组织代理人履行组织职能时不徇私枉法，也还没有找到绝对有效的办法。

四　社会治理体系的演化

纵观人类历史，社会治理体系是随着社会发展、公共事务增多和日益复杂化而不断合理化的。

早期原始部落社会，人口规模小且多由血缘联系，是非标准与文化价值观或许就是在维系社会生存需要基础上形成的。比如，所有社会成员根据需要分享食物，每个有能力的社会成员都应该参与围猎并积极协作，等等，应该是部落社会的文化共识和行为准则。由于尚未出现文字，社会也不可能有正式成文的规则体系，所有的规则均存在于社会成员的意识中，并表现在人们的行动上。社会组织也极为简单，比如就是族群的族长或由若干有威望的长者组成的议事会，其职责自然也是执行规则和监督规则的执行，甚至制定规则并负责将规则代际口口相传。

随着族群规模的增大，甚至族群或部落之间以某种方式实现合并或联合，社会突破了血缘关系的限制，成为有众多族群单元或地域单元，包含众多成员的复杂有机体，社会治理体系演化就进入第二阶段。由于文字的诞生，原来单纯存在于社会成员意识和语言中的是非标准和文化价值观，在该阶段就有了书面的表现形式，从而更便于识别和传播，共识面也更容易扩大。拥有更多知识的学者和思想家的出现，使得文化价值观得以不断被归纳总结和提升，逐渐成为逻辑上具有内在统一性的体系。规范社会成员行为的正式成文规则表现为各种各样的法律法规，并形成体系。社会组织日益复杂化，比如有了中央和地方等不同层级，有了同一层级中制定规则的组织和执行规则的组织的区别，比如古希腊城邦国家的公民会议和古罗马的元老院（至少在名义上）是制定规则的组织，君主和执政官则是执行规则的组织。

与前后阶段相比，该阶段在社会组织架构上最大的特点是中央和地方之间实行分权制。中央组织是幅员广大国家的象征和最高管理者，地方组织是特定族群或特定地域的实际管理者，中央和地方组织各自分管不同公共事务，权力存在明显的边界。比如，中国的商周时代，君主掌握国家的最高权力，以分封的方式赋予自己的家族成员或近亲大臣管理特定地域的权力，地方组织对中央组织的义务是定期纳贡。后来中央权力越来越弱化，地方权力则越来越强势，至春秋战国时期，权力几乎全部落入各诸侯之手，代表中央的周朝王室只是名义上还是最高权力的代表，实际权力已无法超出其王城了。西方古希腊城邦本来就是地域狭小的单层级国家，在强者征服弱者后由强者主导的涵盖多地域主体国家形态中，被征服族群或地域多多少少会保持一定的独立性。地域广大的罗马帝国的中央与地方关系也大抵如此。

社会治理体系演化的第三阶段可以用组织上的集权制来概括。这一阶段在中国自秦统一至清朝灭亡持续了两千多年，在西方持续了几百年。公元 5 世纪灭亡的西罗马帝国虽然也具有中央集权特点，但其上下结构结合的牢固程度远不及中国秦朝以后的高度集权体制。所以，西方最具代表性的集权体制出现在近代民族国家形成的短暂时期，如法国路易王朝时期，以及德国 19 世纪中叶以后铁血宰相俾斯麦当政时期。

该阶段的是非标准和文化价值观，往往建立在以人与自然关系和人与人关系的基本判断为依据的特定思想体系基础上，如中国的儒家文化体系和西方的基督教文化体系，以及以中东为中心波及亚欧非广大地区的伊斯兰教文化体系等。强调文化价值观的统一性和纯洁性，将其他不同类型的文化价值观视为"异端"加以排斥，是这一阶段思想文化体系的突出特点。比如基督教文化和伊斯兰教文化的激烈冲突，以及各自内部不同派别之间的激烈冲突，往往以战争形式表现出来。中国也曾在"罢黜百家、独尊儒术"的口号下将儒家思想定为"独尊"，虽然一直存在儒、释、道融合的趋势，但儒家思想体系历来被视为正统。正式成文规则体系虽然在名义上体现了被尊崇的思想体系的基本原则，但这些原则往往用来维护集权者统治。规则体现统治者的意志，且往往由集权者制定和改动，以"严刑峻法"压制所有可能出现的不尊和反抗。权力中心单一化和"家天下"，是这一阶段社会组织体系架构的突出特点。

社会治理体系演化的第四阶段即现代化阶段，可以用组织体系架构的代议制来概括。西方从1640年英国资产阶级革命开始，经历美国独立战争和法国大革命逐步成型，二战后则日臻完善；东方自1868年日本明治维新开始，在1911年中国的辛亥革命后逐步覆盖更多的国家和人口。

建立在信仰和思想言论自由基础上的价值观多元化是这一阶段文化上的突出特点，基本是非标准和行为规则的认同，建立在不同价值观充分表达和讨论的基础上，反对一种价值体系以思想暴力的形式对待另一种价值体系。正式成文规则如宪法和法律体系，由社会成员推举出来的精英通过充分讨论制定，所有的社会活动领域几乎均由成文的法律法规来规范，规则体系十分完备。社会组织体系架构，首先是规则制定者、监督者与执行者分离，议会或类似中国的人民代表大会那样的组织，负责制定规则并监督规则的执行，政府则负责执行规则。议员（或人民代表大会代表及其常委会委员）和政府首脑采取选举（推举）制和任期制。中央和地方及地方不同层级政府之间实行分权制，各政府层级之间有明确的事权划分，以税收方式聚集的财富在不同层级政府之间的分配，也以事权分割为依据。社会聚集起来的财富被用于公共福利和补偿弱势群体，均衡社会成员福利水平的部分所占比重持续增大。

需要指出的是，该阶段以俄国十月革命为节点，形成了同属现代阶段的另一种思想价值体系、正式成文规则体系和相应的组织体系，即目前以中国为代表的社会主义思想文化、法律法规和社会组织体系。从本质上说，社会主义国家的社会组织架构也是一种代议制社会组织架构，因为执政党本身就来源于人民，并代表人民的根本利益，执政党是受人民之托代表人民来治理社会的，且具有不断自我反思、自我修正、自我净化的能力，以及始终保持先进性的能力。

五　省直管县改革与社会治理体系现代化

省直管县改革涉及的是社会治理体系中组织架构的变革。如前所述，由于人口规模增大和公共事务增多及范围扩大，绝大多数社会组织体系逐步形成了多层级架构。比如中国自秦实施郡县制以来，基本形成了较为稳定的中央、省（州、府、道）、县三级组织架构。间或存在五级架构，即在中央和省之间设大区（道或行省），在省、县之间设市（州、府）等。

在自给自足的自然经济农耕社会，中央及以下各层级政府组织的职责，不外乎维持社会秩序和征收钱粮保证系统自身消耗两项。在以分工和交易为基础的工业化社会，各层级政府组织除了上述两项职责之外，还要向社会成员提供公共服务，并使之合理分享，并且调节经济运行，推动经济发展。在计划经济时期，由于各项职责和权力均集中在中央，我国地方各层级只是保证中央的决策得到贯彻，而不肩负创造及合理分享公共服务和推动经济发展的责任，多层级的政府组织可能与这种职能分工是相适应的。随着市场在资源配置中所起的作用越来越大，社会成员个体、家庭和企业等基层主体的自主权、积极性和活力，对财富创造和社会进步来说越来越重要。政府以行政指令的方式直接规范社会成员及其他基层主体经济活动行为的作用极度弱化，适应纵向传输行政指令而设置的多层级垂直管理政府组织架构也显得过时，从而需要变革。同时，计划经济时期由中央政府统揽的公共产品创造与分享，以及经济运行调节与经济发展职责，也需要顺应市场经济的需要，在各层级政府之间进行分割，以提升公共产品创造的效率和分享的合理性，提高区域经济的活力。这就是省直管县改革的基本时代背景。

省直管县改革顺应了社会治理体系现代化的趋势。社会之所以需要治理，是因为存在超出个人事务之外的公共事务。社会组织架构之所以需要分层，是因为社会规模的增大和公共事务的增多，单一层级难以处理数量庞大而又种类繁杂的公共事务。但过多的层级也意味着公共事务的集权和对基层社会主体行为的较多约束，以及较高的社会治理成本。所以，多层级的社会治理组织架构总是与公共事务分类模糊、基层社会主体对社会事务治理参与能力不足的状态相适应的。随着社会发育程度的提高、公共事务分类的清晰、基层社会主体参与社会治理能力的提升，社会治理组织体系总是朝着减少层级和不同层级公共事务职能清晰合理的方向演化。比如，日本的地方组织体系架构只有两层，第一层是都、道、府、县，第二层层是市、町、村；欧美地方组织体系也大多是两层架构。我国目前存在的省、市、县三层组织架构体系，虽然20世纪80年代中期成型，源头却可以追溯到封建集权时代，与市场配置资源的现代社会所要求的少层级治理体系组织架构不相适应。省直管县改革的本质是要把省、市、县纵向隶属的三层地方组织架构，变为市县并立的两层地方组织体系架构，从而与现代社会普遍的两层社会组织架构体系相一致。因此，省直管县改革是社会治理体系现代化的重要步骤。

省直管县改革面临着与传统组织架构体系的诸多摩擦，需要依据稳定秩序和增进福利的基本原则化解摩擦，重塑新的地方组织架构体系。最直接的摩擦是干部组织体系。在省、市、县三层组织体系下，县处级干部由市级组织部门考察管理和同级党委任免，省直管县改革则要求县处级干部由省级组织部门考察管理和省级党委任免。由此大幅度增加的工作量，省级组织部门和党委能否承受？由此带来的县处级干部晋升渠道变少、流动渠道变窄的问题如何合理解决？都是无法回避的问题。隐藏在背后的摩擦还有一系列公共产品的创造和公共资源的共享问题。这方面最突出的是公检法系统。由于履行职责的需要，公检法系统需要相应的技术手段和技术平台支撑，且普遍在市一级建设了较为完善的技术平台。在市管县体制下，县级公检法系统共享市级技术平台是理所应当的事情。省直管县改革以后，县级公检法系统成了市级技术平台共享的"局外人"。县级公检法系统要再配置一套同样的技术平台则需要巨额的投入，这显然是重复建设和浪费。类似公共产品创造和公共资源共享的问题很多，此类问题如何解决？实际上，省直管县引出的这些问题，本质上是不同层级或不同尺度范围的区域之间，在行政隶属关系与公共产品创造和公共资源共享关系领域的冲突。我们现在通行的规则仍然是，与社会成员日常生活密切相关的大多数公共产品，都在特定行政辖区内创造与共享，而没有跨层级跨区域单元的公共产品创造与共享机制。事实上，现代社会很多与民生直接相关的公共产品，并不需要小尺度的区域单元或低层级组织体系来创造，而只需要其承担相应责任，共享大尺度区域单元或高层级组织体系提供的公共产品而已。因为这样对整个社会来说是成本更低和更有效率的。比如，日本的警察就是由县级组织体系供养和管理的，而被整个县域内市、町、村共享；法院系统则为中央政府供养，而被全国共享。

总之，省直管县引出的问题，一是如何在不隔断经济与文化内在联系的基础上，激发区域主体的活力；二是如何既明确公共资源共享边界，又保证要素在区域之间的无障碍流动。进一步分析，触及的深层问题是，在社会治理体系现代化过程中，如何在不同尺度的区域单元，以及不同层级的组织体系之间，划分公共事务的种类，并界定创造责任和提供共享义务，如何据此确定各层级组织从社会成员及相关基层社会主体处获取资源的权力、方法和额度，等等。这些问题有的在本课题的相关专题中已有研究，有些尚未涉及，需要今后做专门的探索。

耿明斋

2015 年 5 月 27 日

总报告

分报告

总报告

GENERAL REPORT

市县并立、减少行政层级的制度框架设计

第一节 研究背景与意义

市县并立体制改革是打破我国"市管县"体制下的资源竞争格局，形成市场经济条件下区域经济合作、防范区域经济"碎片化"的行政管理体制改革。省直管县改革的目的不仅是减少行政层级、提高行政效率，而且是形成新的经济增长极，加快工业化和城市化进程，促进地区协调发展。此项改革不仅是市场化和城市化发展的需求，而且遵循了国家治理体系现代化的基本规律。市场化、城市化以及国家治理体系现代化，构成了市县并立的省直管县改革的三大背景。

一 市场化催生行政体制改革

其一，市场作为资源配置机制，其有效运行的基本条件

是打破资源的行政性和地域性分割，实现自由流动。从体制束缚中释放资源，根源在于行政管理体制改革。其二，市场成为资源配置的主要手段，政府管理的具体事务会日益减少，这使得上级政府管理的下级行政单元的数量可能增加，管理层级可以减少。因此，省级政府直接管理的市级、县级单元数量增加就变得可行。

二　城市化彰显"县域"重要性

城市化是各种资源要素在空间集聚的过程。其发生方式有两种：城市数量的增加和城市规模的扩大。在城市化进程中，县域不仅具有统筹城乡发展的节点性作用，而且是未来城市空间布局合理化的关键因素，县域将成为新的经济增长极。

三　国家治理体系现代化需要独立且协作的区域关系

市场化和城市化带来的社会经济现代化是国家治理体系现代化的动力。社会经济现代化有以下两个特点：一是区域单元独立，拥有发展自主性；二是区域单元相互协作，可促进市场经济一体化发展。这两个特点并行不悖，现代化的治理体系应以促进区域单元的独立和协作发展为目标。市县并立体制既能增加县域的独立自主性，又能防范区域经济"碎片化"，有利于形成区域一体化合作关系。

从强县扩权到财政省直管县，再到全面省直管县试点，中央政府积极探索管理体制改革。2011 年，河南省将 10 个县（市）（占全国 30 个直管试点县级单位的 1/3）确定为直管试点县（市），并于 2014 年 1 月 1 日对 10 个试点县（市）实行全面省直管，走在了试点省份的前列。为促进改革顺利推进，在中央顶层还未对改革做总体设计的情况下，河南省委根据河南省具体情况，先行启动了"市县并立、减少行政层级制度框架设计"课题研究。

受河南省委和省编办委托，河南大学课题组的十余名成员，先后赴永城、巩义、滑县三个县域调研，在各县域举行了两个层面（第一个层面为四大班子"一把手"，第二个层面为所有局委"一把手"）的多场座谈，返校后通过多轮讨论、修改，拟出了本报告。

第二节　改革的成效与问题分析

一　河南省省直管县改革的主要成效

（一）行政层级减少，行政效率提升

省直管县改革使得省县直接对接，行政层次减少，办事程序简化，办事效率提高。项目上报审批更加高效，政策下达更加快捷，资源下拨彻底，信息渠道畅通、靠前，大大提高了行政效率。例如，一些文件审批由几个月缩短为几天；省国土厅三年用地总批次超过以往五年的总批次。

（二）县级政府自主权扩大，决策更加科学

省直管县改革后，除了受国家政策限制的十多项权力之外，下放到县级政府的 603 项经济社会管理权已落实到位。县级政府承接了原来属于省级、市级政府 70% 的审批权，县级政府不但权力范围扩大，而且权力自主性提高，根据本地实际情况做出的决策会更加科学。

（三）项目资金获取金额、渠道增多，县级财力增强

省直管县改革后，项目资金拨付不再经过市级政府，县级政府项目获取机会增加，资金被截留现象消失，且省里项目布局及资金拨付向试点县（市）倾斜，县级政府财力增强。例如，2011 年以来，永城累计获得国家 268 个项目共计 15.6 亿元的专项资金；2014 年，滑县获得各级转移支付资金 30 多亿元。

（四）干部业务素质和工作标准明显提高，工作流程更加规范

省直管县改革后，县级政府部门工作人员的视野变宽，责任感增强。为应对增加的工作量、适应与省直厅委的工作衔接、接受上级工作检查，县级政府职能部门工作人员主动学习相关业务知识，提高工作标准，规范工作流程，业务素质及工作标准明显提高。

（五）城市的吸引力和承载力明显增强，发展环境明显改善

按照打造区域性副中心城市的目标，直管县（市）的基

础设施建设状况明显改善，城市功能完善。直管县（市）发展环境更优，城市形象更好，城市的吸引力和承载力明显增强，"直管县（市）"已成为招商引资的一张靓丽名片。直管县（市）当科学发展的"排头兵"、统筹城乡发展的示范区、深化改革的先行者的信心更足。

二　河南省省直管县改革的问题总结

省直管县改革在取得成效的同时，也面临一些突出问题，主要有以下几方面问题。

（一）干部交流与管理存在的问题

正确政策的制定与执行，优秀的干部是关键。直管县（市）干部是影响直管县（市）发展的重要内生动力，职务晋升是激发干部内生动力的最重要因素。但是，全面省直管县后，直管县（市）干部原有的交流晋升渠道被严重堵塞，新的渠道尚未形成。"美好憧憬"与"残酷现实"的反差使各试点县（市）干部反应强烈，不良情绪日益增加。干部交流问题紧迫，亟待解决，具体表现在以下四个方面：（1）行政隶属关系消失导致在原属省辖市范围内的干部交流渠道被堵塞。（2）工作性质差异和省直厅局任命干部的内敛性导致直管县（市）与省直厅局之间的干部交流存在障碍。（3）激励性差和交流成本高导致直管县（市）之间的干部交流存在障碍。（4）现行"全部高管＋部分高配"的直管县（市）干部管理模式导致干部交流渠道不畅。"高配"解决了"一把手"的晋升问题，但由此引致的职级断层造成副处级以下干部交流困难。副处级以上干部全部"高管"剥夺了县级政府选拔优秀干部的自主权，也造成了干部流动手续烦琐。

（二）直管县（市）机构设置及运行管理问题

面对全面省直管县后新增的经济社会管理权限和事务，县级政府原有的机构设置和运行模式表现了一些不适应。有的问题是暂时性的，通过磨合可以解决；有的问题必须进行配套改革才能解决，主要问题如下。

（1）直管县（市）内设职能部门与省直职能机构内设机构不对接，"以少对多"问题突出。一些重要部门人员老化、结构不合理、履职能力低，使这一问题变得更加突出。

（2）直管县（市）内设职能部门与省直职能机构间职级差距大，前者在与后者交流对接过程中普遍感觉不自信。与省辖市相比，直管县（市）处于获取省级资源的竞争劣势地位。

（3）基础设施建设投资和公共服务技术平台重建压力大。首先，直管县（市）按照区域副中心城市标准建设，既要拉大城市框架，又要完善城市服务体系和功能，基础设施建设及城市功能辅助设施建设投资压力大。其次，原有的公共服务技术平台市县共享机制被打破，直管县（市）面临重建压力，如公安刑侦、疾病防控、环评监测、质监技术等服务平台均需要重建。公共服务技术平台重建存在三方面问题：一是投资额大，财政吃力。据测算，建设30个不同类型的技术平台，总投资额至少需要 4000 万元。其中，仅公安部门技术平台建设就需要 3000 多万元，职能部门办公技术平台建设需要 500 多万元，环境监测技术平台建设需要 300 多万元。二是与平台相配套的技术人才短缺，引进成本高。三是公共服务技术平台覆盖地域广、资源整合性强，重复建设造成公共资源使用的低效和浪费，不符合区域治理现代化的要求。

（4）垂直管理部门问题。垂直管理部门主要涉及税收、电力、国土、通信、金融等领域。中央垂直管理部门问题的解决需要与国家顶层设计相呼应，省直管县改革主要解决省级以下垂直管理部门问题。其中，地税、国土部门已经无障碍地实现了省县对接，剩下的主要问题为干部交流问题。电力、金融、通信等资源要素垂直管理部门，还未实现省县对接，要素资源分配受省辖市影响，需要省级有关部门出面协调，使直管县（市）享受与省辖市一样的资源配置待遇。

（三）财政资源分配与公共资源共享问题

省县关系的核心是财权、事权、人事权划分。事权划分是财权划分的基础。我国 1994 年的分税制改革没有解决省级以下政府的财权分配关系，政府层级间事权范围的划分随意性很大，财权与事权匹配性差。财政省直管县改革也只是改变了财权和事权的分配链条，没有解决不同层级地方政府财权与事权匹配的问题，财政资源分配仍然不合理，主要表现为以下几个方面。

（1）事权下移，财权上移。上级政府占用的财政资源较多，管理的具体事务较少；下级政府则是钱少事多，如果没有财政转移支付，很难履行好政府职能。

（2）诸多外溢性很强的公共物品，如教育、公共卫生、社会保障、环境保护、流域管理等，过多地由县乡级政府承担，县乡级财政不堪重负。例如，2014 年，滑县承接省辖市承担的 20% 的社保基金补缺，需财政支付 2400 万元，再加上征收任务缺口的 1200 万元，共计 3600 万元。仅社保补贴方面的压力就使年财政预算收入仅 6 亿多元的农业大县难以承受。

（3）县域地方税体系不完善，税种少，留成比例小，一般转移支付比重小，专项转移支付配套压力大。例如，2012 年，滑县专项转移支付配套支出占当年财政预算收入的 40.5%；2013 年该比例达 66%。

独立与协作是区域治理现代化过程中并行不悖的两个趋势，区域单元的独立对区域间的协作与资源共享要求更高。但省直管县后，直管县（市）与原属省辖市之间的资源共享机制被打破，若新的共享机制不能形成，直管县（市）的治理成本将提高，财政压力将增大，财政资源会被浪费，治理效率也有可能降低。公共资源共享问题主要包括：（1）公安系统的警力和刑侦技术平台无法共享造成县域维稳压力增大；（2）司法系统业务平台无法共享造成重大刑事案件移交业务流程产生断层，以及"代管"造成市级人民法院对县级人民法院业务不重视、案件发回重审率高等；（3）环保、质检、质监等技术平台无法共享带来的问题；（4）流域治理、道路交通等外溢性公共资源共享与协作问题。

第三节　改革的理论依据与国内外经验启示

一　改革的理论依据

（一）地方政府层级理论是框架设计的直接依据

区域人口和面积、交通条件、科技手段是影响政府层级设置的主要因素，其中，科技手段是最活跃的因素。河南省发达、便捷的交通网络为政府层级减少创造了硬基础设施条件，而现代信息技术对政府层级减少提供了软实力条件。首先，科技手段提高了上级政府对下级政府有效控制的效率，使上级政府可控管理幅度增大，政府层级减少成为可能。其次，技术革新使下级政府获得信息和资源更加便捷，纵向资源等级传递链条弱化，横向的政府间协作加强。地方政府层级理论是市县并立体制存在的直接理论依据。

（二）政府职能配置理论是框架设计的内容依据

政府职能是政府机构设置和层级设置的基本前提。职能配置在外部体现为政府与社会、市场间的职能划分，在内部体现为不同政府层级间事权和责任的划分。在市场经济条件下，地方政府的职能以公共管理和社会服务为主。尤其是县级政府，其直接管理具体的社会事务，社会治理责任和压力越来越大，却面临治理资源和能力双重不足的困境。因此，市县并立的省直管县改革应该增强县级政府获取行政、财政等治理资源的能力，做到权责平衡。这是市县并立体制框架设计的核心内容。

（三）府际协作关系理论是框架设计的功能性依据

府际协作在不同的领域有不同的称谓，公共管理领域称之为协作治理，经济学领域称之为一体化。府际协作关系理论的核心是建立政府间的合作关系，协作的实质是功能分化、功能互补、资源共享。府际协作关系直指以部门分割和区域封闭为特征的"条块"体制，变"碎片化"行政经济为"一体化"区域经济。省直管县改革条件下市县并立体制及其衍生的一系列制度调整，就是要塑造区域单元的合作关系，促进资源自由流动和共享。这是市县并立体制框架设计的功能导向。

二 我国行政区划历史演变的经验启示

（一）县级的稳定性与县级分等

自秦朝确立郡县制以来，尽管行政层级屡次调整，但基层政区都以县为主，县从未被取消过，且地方行政管理体制调整都是以县为基础的调整。其原因有二：第一，县域可为中央提供重要的税赋；第二，县域范围适合管理。

县级政府在历史变革中还有另外一个特点，就是县有等级之分。如清代根据县辖户籍数、地理范围、离中央距离、纳粮数，将县分为三等，大县与小县之间在上述指标上差别巨大，不同等级的县，县令的品阶也不同。

（二）行政区划与行政职能高度耦合

行政区划的变革与该时期政府主要行政职能高度耦合。省级行政区作为一级行政区域，具有强政治性，行政区划变更主要考虑政治稳定；省级以下行政区划则具有强管理性，其变更主要考虑行政成本和公共服务提供效率。一般来说，在政治稳定时期，行政区划上稳下变；在政治不稳定时期，行政区划上变下稳。因此，我国目前处于政治稳定时期，不宜草率变动省级行政区划，但可以对省级以下行政区划进行改革，以节约行政成本、提高行政效率。

三 国外行政区划设置的经验借鉴

（一）层级较少，级别无差异

美、日等发达国家，各级政府职责划分明确，中央以下地方政府设两级基本是现代化发达国家的通例，如美国为州－县、市、镇（乡）、学区、特别区两级，日本为都、道、府、县－市、町、村两级。在两级制度下，不管人口与地域面积有多大差异，基层地方政府都是平等的，无行政等级差别，都以平等的身份参与合作机制谈判，便于区域间协作及公共资源的有效共享。例如，美国得克萨斯州拉文县管辖91名居民，而加利福尼亚州洛杉矶县管辖700万以上人口，但两者为平等的区域单元主体。

（二）公共服务供给是创建一级政府的依据

发达国家同一级地方政府的管辖范围差别很大，地方政府的类型及内部结构也非常复杂，但无论地方政府规模与组织形式如何，它们存在的依据都是公民的公共服务需求，地方政府必须在提供公共服务方面扮演关键角色。地方政府管辖范围需要根据公共服务供给类型、历史地理环境、组织交易成本、地方民众参与机会等因素进行综合考量来确定。

第四节　市县并立的制度框架设计

基于对河南省省直管县改革问题的分析，依据地方政府层级理论、政府职能配置理论和府际协作关系理论，以培育新的经济增长极、推进城市化和工业化、促进区域资源共享、提高公共管理效率为目标，设计市县并立的制度框架。

一　干部交流与管理方案设计

（一）整体升格加动态升格，打开直管县域内交流渠道

将直管县（市）整体升半格，使之成为副厅级单位，甚至升格为厅级单位。通过一定的条件和指标设定，激励直管县（市）通过努力达到升格条件，毫不犹豫地支持直管县（市）完成升格。例如，巩义市和永城市，经济实力比较强，在条件具备时可以考虑将其升格。该方案简单易行、激励性强，最受直管县（市）干部欢迎，但短期内面临三大阻力：

（1）与中央对干部"限编限配"的规定相违背；（2）与行政管理体制改革节约行政成本的原则相违背；（3）会挑起所有直管县（市）的权力冲动，争相要求升格。从长期来看，中央"限编限配"只表明干部配备数额的释放需要一个过程，不应该是绝对的不增长，由升格增加的行政成本与激励所带来的收益相比，微不足道。因此，该方案虽不能一蹴而就，但不能因目前存在阻力而放弃。

如果说整体升格短时间内不能现实，那么为响应中央全面深化改革领导小组第七次会议"县以下机关建立公务员职务与职级并行制度"的指示，还可以通过职务与职级并行的动态升格，甚至仿照教授分级的办法，让符合条件的优秀干部得到晋升，在县域内开辟晋升渠道。该方案既可以激励优秀干部，又可以解决"一把手"高配后的职级断层问题。

（二）打通直管县（市）间、直管县（市）与省直厅局间的干部交流渠道

直管县（市）间的干部交流属于县域间的正常干部交流，理论上具有可行性。但从实践来看，无论是从交流成本上还是从激励效应上来说，都不是直管县（市）干部愿意接受的方式。若要疏通此方式，可以借鉴古代经验，根据设定的指标体系对直管县（市）划分等级，通过县域等级差异带来的职级差别形成有效交流。

直管县（市）与省直厅局间干部交流的可行性在于符合干部提拔需要有基层工作经验的要求，有利于直管县（市）

与省直厅局之间的工作对接更加流畅，但障碍在于由工作性质差异带来的工作适应难度较大。若要疏通此干部交流渠道，应使省直厅局干部与基层干部之间"上挂下联"成为常态。

（三）保留在原属省辖市范围内的干部交流

保留在原属省辖市范围内的干部交流是最为可行的方案，原因有以下两个：（1）此方案为文化、人脉"不离圈儿"的干部交流方案，干部最易接受。（2）交流成本最低。在原属省辖市范围内实现干部交流，既可节省直管县（市）与原属省辖市的区域合作成本，又可节省相关干部的交流成本。

但是，省直管县后此方案已被原属省辖市堵死，想突破并实行此方案，需要考虑以下两点。首先，需要省委组织部出台制度加以保障，建议采取"四环节法"加以保障：（1）省辖市按省委组织部规定预留指标给直管县（市）；（2）直管县（市）根据指标选拔可晋升干部；（3）省辖市编制职位分配方案；（4）省委组织部对省辖市的方案进行审核，若不合理，不予通过。其次，建议把副处级以下干部的管理权交给县级政府，这有利于县级政府选拔真正优秀的后备干部。

二　以多种形式重塑市县政府层级架构

（一）市县并立下县级行政单位的改革走向

立足河南省县域非匀质性的经济发展状况，未来河南省县级行政单位的走向主要有以下四个：（1）内化。将与原属省辖市经济关联性比较强且距离比较近的县域内化为市的一部分，使这类县域接受省辖市的带动。（2）直管。距离中心城市较远、与原属省辖市经济关联度不高，但自身发展能力较强，有可能成为新的区域经济中心的县域，可以实现省直管。（3）合并。原属省辖市带动能力较小，自身又不具备独立条件的县域，可以和周围的强县或大县合并，然后实现直管。（4）个别县域可以保留市辖县模式。考量河南省的县级行政区，通过上述转变方式，可以形成省辖 40～50 个单位的市县并立二级层级架构（见表 0-1）。

表 0-1 河南省县级行政区的未来走向

序号	省辖市	走向			
		内化	合并	直管	保留市辖县
1	安阳	安阳县、汤阴被安阳内化	内黄、滑县、浚县合并	林州、滑县	—
2	鹤壁	淇县	—	—	—
3	濮阳	濮阳县、清丰	范县与台前合并	—	南乐县
4	新乡	新乡县、获嘉、卫辉、辉县	封丘、原阳、延津合并	长垣	—
5	焦作	博爱、修武、温县、武陟	孟州与沁阳合并	孟州	—
6	三门峡	陕县、灵宝	义马与渑池合并	卢氏、义马	—
7	洛阳	孟津、偃师、新安、宜阳、伊川	汝阳与汝州合并、栾川与嵩县合并	嵩县、洛宁	—
8	郑州	全部内化	—	—	—

序号	省辖市	走向			
9	开封	开封县（已内化）	尉氏与通许合并	兰考、杞县	—
10	商丘	虞城、宁陵	民权与兰考合并,睢县与柘城合并	永城（合并夏邑）	—
11	周口	商水、淮阳、西华	鹿邑与郸城合并,沈丘与项城合并,扶沟与太康合并	—	—
12	许昌	禹州、长葛、许昌县	—	—	—
13	漯河	临颍	—	—	—
14	平顶山	叶县、鲁山、宝丰、郏县、襄县（原属许昌）	—	汝州	—
15	驻马店	遂平、确山	舞钢（原属平顶山）、舞阳（原属漯河）、西平合并,平舆与新蔡合并	泌阳、正阳	—

究竟一个县域应该采取何种方式实现转变，应从其经济、行政、地理、社会等角度出发进行考量，以下指标体系可供参考：（1）一级因素，省域经济分布与管理幅度。主要指标为经济分布和管理幅度。（2）二级因素，市县经济联系与逻辑归类。主要指标为经济耦合度和经济隶属度，耦合性高则协同性强，隶属度高则关联性强。（3）三级因素，县域经济

特点与县域地位。主要指标为规模经济效应和区域中心性。

（4）四级因素，制度衔接状况。主要指标为制度适应力和人均财政收支状况。

（二）以"强镇扩权"和"县辖市"为主进行县域内配套改革

省直管县改革的成效既受制于省、市、县的外部关系，又受县级政府内部行政架构设计的影响。"强镇扩权"是放权于县的链条延续。省直管县改革必将加速县域的城市化进程，导致县域内乡镇的进一步分化，一部分条件较好的经济强镇通过"扩权"向小城市方向发展，成为"县辖市"，形成县域多中心格局。

我国很多中心镇人口规模已经超过10万人，甚至超过中西部的省辖市水平，如广东的小榄镇、浙江的龙港镇等。"适农型"的管理模式已经不适应经济强镇的发展需要，创新县域区划体制，设置"县辖市"，变县－乡、镇体制为县－市、乡镇、村体制，是促进县域城镇化的重要内容。

"县辖市"已经在浙江等发达省份多个强镇进行了试点，其优点如下所示：其一，"县辖市"仍保留在原县域内，既可以克服"切块设市"重创母体、"县辖市"发展空间有限与孤立发展等缺点，又可以保持县域的稳定；其二，"县辖市"仍为乡镇级别，不用多设立机构和增加编制；其三，"县辖市"可以克服"整县设市"的虚假城市化缺点，有利于形成县域内的经济增长极。

考虑到人口、辐射距离等各方面因素，"县辖市"个数不宜过多，一般应控制在 1~3 个。未来设置"县辖市"标准可参照如下指标体系：（1）人口指标，该指标是核心指标，根据袁中金对我国中心镇的研究，当一个中心镇聚集的非农人口达 5 万人时，中心镇经济可进入良性运转状态，发挥城市功能，这与国际经验是比较一致的。（2）经济类指标，主要包括 GDP、人均 GDP、第二产业与第三产业比重、财政收入等。（3）城市建设状况指标，主要包括自来水普及率、道路铺装率、城市绿化率等。（4）定性指标，主要包括区位条件、毗邻关系、水文地质条件、内部管理幅度等。

（三）重塑过程应注意的几个问题

第一，判断不同县级行政区的走向是否正确，要具有长远战略眼光，不能短视。例如，对于巩义的直管，从短期来看，其脱离了郑州这棵"大树"的庇护，受到了一定的损失，但从长远来看，巩义处于陇海－兰新产业带上，又是郑州、洛阳两大城市之间的重要节点，直管后会发展成重要的中心城市。

第二，县域的内化、直管、合并，会造成省辖市规模发生变化，但无须大幅度调整省辖市的人员编制和行政架构。原因有二：一是直管后，诸多公共资源还需要在省辖市范围内实现共享，省辖市提供公共服务的数量没有大的改变；二是为消除改革利益受损方的阻力、创造良好的改革环境，省辖市在利益分配上会多做加法。

第三，合并后实现直管的县域应升格为副厅级单位。从人均管理成本考虑，县域人口、面积都要达到一定的条件才能直管，县域的合并为直管创造了条件。从当前来看，县域合并比较复杂，但从长远来看这是趋势，其面临的最现实问题是合并后县域内的行政架构设计。建议将合并后实现直管的县域升格为副厅级单位，选择一个合适的县城作为新的县级政府所在地，将其余的县城设成"县辖市"，作为县域副中心城市，这样既可以解决干部安置问题，又可以满足当地居民和工商户的要求。例如，原阳、延津、封丘合并，就可以考虑把延津县城作为新的县级政府所在地，其他两个县城作为县域副中心城市。

三　建立公共资源共享机制，改革财政资源分配体制

（一）建设省、市、县区域协作与公共资源共享机制

技术服务和信息平台属于投资大、规模效益高的公共产品，在使用上具有轮空性，完全有条件实现资源共享。省直管县改革后，若能建立市、县之间的区域公共资源共享机制，那么县域公共服务技术平台重建压力将会消失，公共资源的利用效率将得到提升。共享机制建设可从以下两个方面考虑。

1. 邻域内资源优先共享

依据我国基本制度和国外经验，司法服务、公安服务、流域资源管理、公共信息平台等公共资源可以在地方政府之

间建立协作关系，实现资源共享。就业务熟悉程度和沟通便捷度而言，应考虑就近原则，优先在原属省辖市范围内实现资源共享。如司法服务资源的共享应该保留在原属省辖市范围内。

2. 建立"使用者付费、提供者负责"的公共资源共享机制

首先，按照"谁受益、谁付费"的公共服务消费原则，直管县（市）在与原属省辖市共享资源的同时，应当承担一定的费用，作为原属省辖市对直管县（市）提供服务的补偿。该费用既可以由直管县（市）承担，也可以由省级财政予以补贴。其次，省辖市在服务得到补偿的前提下，应提供相关公共资源服务。省级部门应将省辖市对直管县（市）提供的公安服务、司法服务、公共信息平台纳入省对省辖市的考核指标，以此约束省辖市履行责任。

（二）进行省级以下分税制改革，建立财权、事权相匹配的财政体制

第一，依据国家统一、安全需要和不同公共服务的性质，以公共资源的提供和利用效率最大化为目标，在不同层级政府间确定事权划分的基本框架。

第二，明晰省、市、县依事权而定的财政责任。省级财政主要负责区域性的经济结构调整、环境改善等中观目标的调控，以及省级职能部门运转等。市县级财政具体负责各自辖区范围内的社会治安、行政管理和公用事业发展等。

第三，完善县级基本财力保障机制。2013 年 12 月，财

政部《关于调整和完善县级基本财力保障机制的意见》明确了省级政府是县级财力保障的责任主体。因此，省级政府应当在基础设施建设支出、社会保障支出等方面给予直管县（市），特别是农业大县财政倾斜和支持。例如，滑县2013年财政总支出为38亿元，而财政预算收入仅为6.3亿元，约31.7亿元的支出要靠转移支付实现。

第四，设计好地方税制，均衡调控、合理划分地方各级政府的税收来源、征管权限、分配比例。分别设置省税和县税，将税基较广、收入稳定、流动性不大的税种作为县级政府的主体税种，改变共享税过多和县级政府没有主体税的局面，提高县级政府的税收留成比例。

第五，提高一般性转移支付在全部转移支付中的比重，调整、优化专项转移支付结构，严控支付规模，减少地方配套压力，确需地方配套的，应根据受益范围和程度明确各级政府的分担比例。

四 公检法系统与垂直管理部门框架设计

公检法系统的问题主要表现为直管县（市）与原属省辖市的资源共享机制被打破。考虑到平台重建的资源浪费和法检一、二分院设立成本高与不便民，公检法系统过渡时期的解决方案为：（1）公安系统信息平台仍在原属省辖市范围内共享，但人、财、物要从省、县两个层面给予省辖市补偿，人、财、物由省直接管理。（2）司法业务由原属省辖市代管，但人权和事权由省直管；把直管县（市）公检法业务纳入原属省辖市公检法系统业务考核范围。（3）从长远来看，应借鉴国外经验，构建省级统管的现代化警察管理体制；按照十八大"进一步深化司法体制改革"的要求，建立全省法检两院人、财、物省级统一管理制度。

垂直管理部门的问题主要是还没有实现金融、电力等要素部门的省县对接。金融部门属于中央垂直管理部门，省级无法做主进行改革，但省级政府可以出面协调，加大金融部门对直管县（市）发展的支持力度。电力部门可以在县级资产上划的基础上，实现省公司对县级子公司的直管，使直管县（市）在资源分配上享受与省辖市相同的待遇。

五　设置省直管县工作委员会，协调和督查直管县（市）工作

省直管县改革是涉及省、市、县之间利益关系深刻调整的复杂的改革，诸多改革方案的实施，如干部交流、资源共享机制建设等，都会有各方的利益博弈。在过渡时期，迫切需要一个能够统筹并协调省、市、县三级政府利益关系的权威机构去推动改革。从长期来看，要根据政府间职责分工建立财权与事权相匹配的财政管理体制和契约化的资源共享机制，以制度保障省直管县行政管理体制的顺利运行。设立省直管县工作委员会是过渡时期解决省直管县改革重要问题的制度安排。

省直管县工作委员会的主要职能应该有两个：一是协调；二是督导。省直管县工作委员会应主要协调以下三方面关系：一是直管县（市）职能部门与省直职能部门之间的关系。主要是解决直管县（市）与省直职能部门业务对接过程中因职级差异、工作性质差异而产生的沟通障碍问题。二是直管县（市）与原属省辖市、邻近县域之间的关系。主要是解决直管县（市）与原属省辖市、邻近县域之间干部交流和资源共享的问题。三是直管县（市）与垂直管理部门之间的关系。

省直管县工作委员会的督导职能主要体现在：帮助省直职能部门对直管县（市）的工作进行监督和业务上的指导，提高县级职能部门的工作和业务能力，克服省直管县后干部产生的对工作不适应问题以及"一对多"问题，实现省、县的顺利对接。

省直管县工作委员会协调和督导职能的有效发挥要求其行政级别至少是正厅级，其下面可以设置干部管理处、业务指导处、区域合作处、督察处等。省直管县工作委员会还可以成为直管县（市）与省直职能部门干部交流的一条重要渠道。

（执笔：刘素姣）

分报告

SPECIAL REPORTS

第一章　地方行政区划的历史
演变与内在逻辑

第一节　中国古代地方行政区划的历史演变

　　行政区划是古今中外所有国家政权建设与社会管理的重要方式，它是国家为了有效管理和控制所辖地域，按照地理、人口、历史、政治、经济或者军事的需要对领土进行划分并实现分级管理的行政活动。历史具有惯性，行政区划的演变也具有惯性，现代的行政区划往往包含历史的底色与特点。回顾并探讨古代中国行政区划的历史演变过程及其内在逻辑，能够为当代行政体制改革的现实需要提供可资借鉴的历史经验。

　　在原始社会，人们按照部落的组织形式进行生产和生活，没有形成整体意义上的国家，也没有相应的行政区划。到了奴隶社会，方国或者诸侯国之间也没有明确的分界线。

封建社会时期，秦朝废分封、置郡县，郡县制开始取代分封制，成为全新的社会治理模式，郡县制实现了韩非子所言的"事在四方，要在中央，圣人执要，四方来效"的高度集权，既能够实现"大一统"的天下观，又能够达到有序管理土地与人口的目的。自此，郡县制成为国家进行行政区域划分与管理、实现社会稳定的体制"法宝"，被历朝历代统治者延续并丰富着，而中国整体意义上的行政区划也开始真正发挥了政治统治与社会管理的双重功能。

郡县制以县为体制基础，"县"通"悬"，主要指新开拓的疆土，其萌发于西周，产生于春秋，发展于战国，推广于秦朝，定制于西汉。"郡"设立之初主要是为了防卫，直接听命于国君，后因经济需要和便于管理，郡、县之间形成隶属关系，构成了中央集权的官僚治理体系。这一治理体系具有三个明显的特点：一是官吏由"世袭"变为"任命"；二是管理职能由"兵民合治"变为"军政分治"；三是财政税收由"税赋包干"变为"统一收支"。这一体制具有比分封制更明显的体制优势，因而后世开始以"县"为基础，进行行政区划设置。以"县"为基点，中国古代行政区划的发展过程可分为三个主要阶段：郡县制时期、州县制时期和省县制时期。郡县制从公元前221年秦统一全国到公元583年隋文帝改制，共历800余年；州县制从公元583年到公元1279年元灭宋，经历近700年；省县制从公元1279年到1911年清朝灭亡，共经历630多年。

一 郡县制时期

这一阶段主要经历了从郡县二级制向州郡县三级制的转化，其间分封制与郡县制一度并存。前 221 年，秦统一全国，建立了中国历史上第一个高度中央集权的帝国。《汉书·地理志》载，秦始皇"不立尺土之封，分天下为郡县"，彻底废除分封制，实行郡县制，"本秦京师为内史，分天下作三十六郡"，设郡守、郡尉、郡监等官职。关于秦郡的数量，有三种估计：36 个、41 个、48 个。关于秦朝郡辖县数量，学界认为有 1000 个左右，不过具体的名称与分布并不详细，粗略平均估计，一个郡统辖 20 多个县。

两汉承袭秦制，在地方区划上也实行郡县两级制。不过，汉高祖刘邦吸取秦朝孤立而亡的教训，实行郡、国并存制。这种行政区划的"双轨制"是郡县制与分封制的混合体，汉初的郡名为中央统管，实为王国管辖，其中 40 多个郡归诸侯国管辖，仅 15 个郡由中央直管，后来七国之乱的事实证明了郡县制的正确性，郡县制最终得以确立。西汉末年，郡国总数为 103 个，统辖县级行政区 1587 个，平均每个郡国管理约 15 个县。东汉末年，州成为真正的行政单位。

魏晋南北朝时期以分裂混战为主要特征，地方的行政区划比较混乱，州郡县三级行政体制并不稳定，而且容易造成军阀割据与秩序混乱。这一时期州的数目变化比较大，三国时魏设 13 州，吴设 4 州，蜀有 2 州，到西晋前期有 19 个州，南北朝时期则变为 220 个州。州数增加必然导致统辖县数量减少，甚至出现两州合管一郡或者两郡共管一县的"双头州郡"现象。

总体而言，汉承秦制，基本实行郡县制，坚持二级制是中央统治者的愿望，但是汉朝与秦朝的不同之处在于，汉朝实行的是郡县制与分封制并存的"双轨制"，而且汉朝县级行政区的形式是多种多样的，除了县之外还有邑、道、侯国等行政单位。值得注意的是，州在两汉大部分时期主要以虚化的监察区的形式存在，并没有成为一级行政区划，到东汉末年，州由虚变实，表明行政区划开始演进到一个新的阶段。

二 州县制时期

这一阶段主要经历了从州县二级制向道州县三级制的转化。隋文帝改制是一次系统的改革，主要针对秦汉以来皇权与政权、中央机构的设置与职能安排、中央与地方责任边界等方面的矛盾进行改革。隋在中央设三省，即中书省、门下省与尚书省，其中中书省负责决策，门下省负责审议和监督，尚书省负责执行，其职能设置的实质就是决策、监督、执行"三权"分离，这与现代社会的行政分工几乎一致。按此制度设计，尚书省是最高行政机关，下设吏部、礼部、兵部、都官（后改为刑部）、度支（后改为户部）、工部作为办事机构。这种三省六部的制度设计极大地强化了中央集权，成为中国以后历代中央政权设置的固定制度。

隋朝在地方上的改革主要有：一是减少层级，裁并郡县。

"罢天下诸郡",废郡存州,以州领县,将州郡县三级改为州县二级,州长官为刺史,县长官为县令,负责地方行政管理。607年,隋炀帝改州为郡,承秦制,郡统县,置郡190个、县1255个,基本改变了南北朝滥置州、郡的乱局。二是改革人事,军民分治。首先改革南北朝以来的"自辟"(自选)制度,将地方官员的任免权全部收归中央,五品以上官员由皇帝下诏任命,六品以下官员由吏部任命。其次将军务从地方行政管理中剥离出来,另成体系,由中央军事统率机构直接管理,这样既加强了地方行政官员的专业性,又增强了中央的军事管辖权,结束了军政混杂的局面。三是仿汉朝的监察制度,设司隶大夫等监察官员,分别巡察各地,监督地方官员。隋文帝改制前后裁撤了2/3的地方行政机构,减少了近1/2的财政供养人口,改革力度之大可见一斑。隋朝的改革形成了比较完善的行政区划体系与行政管理体制。然而历史给人们开了一个很大的玩笑,制度创新常常伴随着巨大的政治风险,隋朝的锐意改革并没有换来千秋万代的统治,相反却如秦朝一样,二世而亡。

隋朝灭亡的原因不在政治体制,而在人治无道,因此,唐朝开国以后,主要承袭隋朝旧制,地方上依然设州(郡)、县两级。不过这种州与郡的层级设置有所反复,唐高祖改郡为州,唐玄宗又改州为郡,唐肃宗复改郡为州,至此,"郡"作为行政区划完全退出历史舞台,彻底被"州"取代。唐太宗时期,全国共有385个州与1551个县,为监察州县,地方上开始设"道"，作为监察区。唐太宗时为 10 道，唐玄宗时增至 15 道，设采访处置使，不过此时"道"并未转实。值得注意的是，唐朝的地方高层变动比较频繁，如唐太宗设"道"，唐玄宗置"府"。唐朝还将部分比较重要的州命名为府，以示与一般州的区别，一般而言，府的权力、地位均高于同级的州。唐朝对所有的州（府、郡）和县实行分级管理，按照经济、地理等因素，将其分等级，其中县分为京（赤）、畿、望、紧、上、中、中下、下等级别。各级行政区按照级别的不同，其官吏级别、人数等都有所不同，如河南、洛阳、太原、晋阳等大县谓之"京县"，县令为正五品，京兆、河南、太原三府管辖诸县为"畿县"，县令为正六品。其他诸州上县县令为从六品，中县县令为正七品，中下县县令为从七品，下县县令为正八品，县令之间品级差别比较大。这种分级管理的影响比较大，至今所谓副省级市、县级市等依然表现了分级处理的历史做法。

宋朝行政区划基本沿袭唐朝旧制。唐朝亡于藩镇，宋朝吸取其"方镇太重，君弱臣强"的教训，依"稍夺其权，制其钱谷，收其精兵"的方针不断削弱地方之权。宋朝在地方行政管理方面设立"路"，取代"道"，分路而治，形成路－州（府、军、监）－县三级行政区划体系。在宋朝的行政区划中，最高一级为路；二级为州，州级单位有府、州、军、监，府地位最高，州次之，军、监再次之；三级单位为县、军、监等。（1）路。995 年，宋废道置路，997 年分为 15

路，1020年为18路，1105年为24路。南宋偏居南方，1208年有17路。（2）府（州）。宋朝路下为府或州，当时，国都、陪都及地位重要的州都改置为府，府、州虽同级，但政治地位不同，府略高于州。（3）军、监。这是两宋特殊的行政区划单位。"军"始于唐，时称军镇，多设在边区，管军不管民。五代时，军管兵马，辖有土地，管民政，但不辖县，到宋代则演变为地方行政区划单位。"监"是国家矿冶、铸钱、牧马、制盐等专业性的管理机构，到宋代演变成地方行政区划单位。（4）县级政府。宋代的县级政府也完全沿袭隋唐旧制，北宋与南宋的县级政府数量有较大变化，976年共有1806个，1122年为1234个，到南宋仅余713个。

总体而言，州县制时期，每一个朝代初始阶段都以州、县为主，但是后期又都在州级行政单位之上设立更高层级的道、路等，而且其层级机构设立基本上经历了由虚变实的演变过程，其目的都是增强中央集权。

三 省县制时期

这一阶段开始出现"省"这一行政区划单位，并且稳定沿用至今。元朝时开始出现行省，中国亦进入省制时期。"省"原为中枢要署，行省也仅仅是中书省的派出机构，不辖地方，到元朝演变为地方最高的行政单位。"行省"的出现与制度化是元朝地方行政制度的显著变化，表现了元朝地域广大、管理粗犷的特点，而且为明清以及新中国省级行政管理体制的发展拉开了序幕。

元朝省县制表现了建制多、层级多与统辖复杂的特点。元朝有省、路、府、州、县五级行政建置，也有省、府、州、县四级行政建制，还有省、府（州）、县三级行政建制。《元史》记载中书省 1 个，行中书省 11 个，路 185 个，府 33 个，州 359 个，军 4 个，安抚司 15 个，县 1127 个。其中，有不辖县的路、府（州），有直属于行省的府或州（称直隶府或直隶州）；隶属于路的府（州）称散府（散州），当时与路平级的直隶州（直隶府）为数不少。另外，元仿宋制，在边境少数民族区域置少量的军和安抚司。军有直隶于行省的，也有归路统辖的；安抚司直属于路。此外，元朝还有很多准行政区，如转运司、宣抚司、宣慰司、肃政廉访司、统军司等。尽管行政建制比较混乱，但根据《元史》中的数据进行统计，在整个行政管理体系中，三级行政区数量占总行政区划数的 65%，四级占 34.5%，而五级仅占 0.5%，因此可以认为元朝的行政区划依然是以三级制为主的。

元朝的地方行政层级按照统辖户口数目进行等级划分。如路按户数分为两等，分官设职，10 万户以上者为上路，长官等级为正三品，10 万户以下者为下路，长官为从三品。州分为三等，南北方标准有所差异。北方 15000 户以上者为上州，长官为从四品；15000 户以下、6000 户以上者为中州，长官为正五品；6000 户以下者为下州，长官为从五品。而南方人口稠密，标准提高，5 万户以上者为上州，长官为从四品；5万户以下、3万户以上者为中州，长官为正五品；3万户以下者为下州，长官为从五品。

明朝的行政建制比元朝完整，而且层级减少。明朝初期沿袭元朝的行省制度，后来为了加强中央集权，设立了三司制度。其中，承宣布政使司（简称"布政使司"）执掌行政事务，提刑按察使司掌控司法监察事务，都指挥使司执掌军务。值得一提的是，明朝县制的专业化与部门化水平较高，表现为典型的"条块结合"的政府架构。专业化分工有利于中央集权，但又产生了相互掣肘的矛盾，因此朝廷不得不派临时性的总督、巡抚节制地方三司。布政使司相当于"省"，共有15个，包括两京与13个布政使司。布政使司以下为府，府由路改造而来，设知府，府下设州县。据《明史·职官志四》记载，至万历年间，全国共有159个府、20个直隶州、235个属州、1169个县。

明朝的府县级政府均划分等级，不过与元朝按户口标准划分等级不同，明朝按照纳粮数量划分等级。府分三等，缴粮20万石以上者为上府，长官为从三品；20万石以下、10万石以上者为中府，长官为正四品；10万石以下者为下府，长官为从四品，后改为正四品。县分三等，纳粮10万石以上者为上县，知县为从六品；纳粮6万石以下、6万石以上者为中县，知县为正七品；纳粮3万石以下者为下县，知县为从七品。

清朝疆域辽阔，为了有效管理地方，清世祖仍沿用明制，仅改北直隶为直隶，改南直隶为江南承宣布政使司。康熙初期，改布政使司为省，并将大省划小，将全国分为 18 省，即直隶、河南、山东、山西、安徽、江苏、浙江、江西、福建、湖南、湖北、陕西、甘肃、四川、云南、贵州、广东、广西。光绪年间增设新疆、台湾两省，1907 年又将东北三个将军辖区改为奉天、吉林、黑龙江三个省，为中国现代省的政区划分奠定了基础。

清朝行政区划体制基本沿袭明制，但进一步规范了行政区体系，简化了层次。整个清朝地方行政区划看起来有省、道、府、厅、州、县六级，实质上依然保持了省 – 府（直隶州） – 县三级体系，省是最高地方行政单位，设有总督衙门、巡抚衙门等，其中明朝临时性的总督、巡抚开始成为省级长官，总督领军事，巡抚管民政。另外，省政府设立派出机构"道"，负责监察。省以下的行政单位基本承袭明制，省辖府和直隶州，府辖散州和县。府和州是省以下的二级地方行政单位，这一层级行政单位还有直隶州、直隶厅等。其中，直隶厅级别低于府，但高于直隶州。

第二节　中国古代行政区划体系的演变
特点与现代启示

一　中国古代行政区划体系的演变特点

（一）整体特征

中国历史上自称"天朝"，以此表明中国地域广阔、人口众多、物产富饶。如何进行行政区划设置，既能够保证中央权威，又能够满足地方需要，成为历朝历代需要解决的制度问题。秦汉以来，历朝历代都以郡县制为体制基础，在不同的时空、地理、经济、人口等差异性条件基础上，进行了不同程度的改革创新。整体而言，郡县制的发展演化表现了以下特征。

1. 前后因袭、循序渐进

郡县制在被认可并成为国家统治的行政体制基础之后，根基非常稳定，变化也只是枝叶之变，而非根本之革。因此，中国行政区划的历史变迁呈现了一脉相承的发展演变特色，以沿袭为主，以变革为辅，如汉承秦制、唐承隋制、明清承元制。究其原因，一是历朝历代面临的经济基础基本相同。农业社会、小农经济是古代王朝共同的社会条件与经济环境，因此相应的国家管理方式在根本上没有太大差异，只需前后承袭即可，这是行政成本最低、政治风险最小的选择。二是历朝政府的行政职能基本上是一样的，历代王朝都采取了大致相同的重农抑商政策，以此确保税赋增加和政治稳定，因此，历代王朝的政策就具有了历史的延续性。

2. 内外相制、轻重相维

"内"指中央政府，"外"指地方政府，内外轻重主要指中央与地方权力关系的设置。中国古代行政区划变革的理想状态是达到中央与地方权力的平衡，发挥两者的积极性，实现"内外相制、轻重相维"。不过纵观中国行政区划的历史变迁，这种理想状态没有达到，中央与地方的关系并没有处理好，国家经常处于内重外轻或者内轻外重的状态：在内重外轻的状态下，中央政府掌握国家的绝大部分公共资源和公共权力，地方政府的积极性和创造性不足，地方力量非常弱，甚至没有"绥靖御侮"的基本能力。在外重内轻的状态下，中央政府高度分权，地方政府拥有足够的政治权力与物质基础发展社会经济，但是这容易造成地方割据、国家分裂。

3. 量地制邑、度地居民

郡县制改变了分封制依靠血缘关系维持统治的方式，改用依靠地缘关系进行行政区划与组织的方式。郡县制实施以后，国土面积、区位地理、山川水系、风土人情等客观条件成为国家进行行政区划的基本依据，不过真正起决定性作用的因素依然是辖区内的人口规模与经济发展水平。在整个封建社会中，农村是社会基础，农业为经济命脉，农民是政治基础，一定的土地与人口是进行行政区划的基础性条件。《礼记·王制》中说："凡居民，量地以制邑，度地以居民。"而秦朝制定的行政区划原则是："县大率方百里，其民稠则减，稀则旷。"这里存在一个行政区划的规律性特点，即在整个古代社会，随着人口的增加与农业的发展，行政区划不断变化，行政区划单位的数量成为反映人口变迁和经济发展水平的重要指标。

（二）具体特点

1. 行政层级越来越多，从二级到三级，直至四级

中国古代行政区划变革分为郡县制、州县制与省县制

三个阶段，其中，郡县制时期经历了从郡、县二级制到州、郡、县三级制的转化，其间还存在分封制与郡县制的并存现象；州县制时期经历了从州、县二级制向道、州、县三级制的转化，其间经历了较长时间的虚三级制；省县制时期主要经历了从省、路、府、州、县多级制向以省、县为主的二级制的转化，其间呈现了三级、四级复合存在的特征。

具体而言，行政层级制度自秦至汉武帝以前的100多年为二级制，汉武帝至东汉末期的约300年为虚三级制，东汉末期和魏晋南北朝约400年为实三级制；隋朝至唐朝实行道制以前为二级制，其后近30年为虚三级制；唐中叶以后和五代的200多年是实三级制；宋初实行路制以前约40年为二级制，其后转为虚三级制；元朝为多级制；明朝为三级、四级并行制；清朝则为虚四级制（见表1-1）。

表1-1　中国古代地方行政区划层级演变

时期	国家	高层政区	统县政区		县级政区
秦	中央	—	郡		县
汉	中央	—	郡、王国		县、道、邑、侯国
魏晋南北朝	中央	州	郡、王国		县
隋	中央	—	州（郡）		县
唐	中央	道	府、州		县
宋	中央	路	府、州、军、监		县
元	中央	行省	路、直隶府、直隶州	府或州	县
明	中央	布政使司	府、直隶州	州	县、州
清	中央	省	府、直隶州、直隶厅		县、州、厅

2. 高层地方行政区划单位由虚向实转化

高层地方行政区划单位最开始都是作为军事单位、监察单位、巡视单位等出现的，呈现了"虚化"的特点，并不是一级实体性地方行政区划单位，但是伴随社会、经济、政治的发展，这些虚化的行政区划单位都呈现了由虚转实的变化特点，如州、道、路、省均是由虚变实的。

郡县制是兼并战争的产物。"郡"原意为国君的随从、耳目，郡起初都设在边地，负有保卫边疆和治理人民的双重任务，因而长官称郡守，常由武将充任，带有浓重的军事性质。战国时期，郡统管数县之军事，最终成为县以上的一级政区。汉代的监察区为刺史部（州），至东汉末年，由于州牧、刺史权重，总揽全州军事、民政，州最终演变为一级政区。唐代的道起初类似于西汉的州，后因领兵的节度使、防御使兼任采访使、观察使，道从监察区转变为一级政区。宋初，中央分全国为若干财政区，即"路"，各路设转运使专司督征、运送地方财物，后"兼统军民庶政"，路由财政区演化为一级政区。"省"之名出现很早，魏晋时就有中书省、门下省，是中央行政机构。东魏、北齐和隋、唐，因军事需要，临时设置了行台、行台省、大行台。金国为了有效地统治汉人地区和抗御蒙古入侵、镇压农民起义，设立了多个行台尚书省。蒙古灭金后，也设若干行台尚书省，后改为行中书省，开始也是作为一种临时性的中央派出机构，后因不断用兵，行中书省无法撤销，最终成为一级政区。

3. 高层行政区划单位易变，基层行政区划单位稳定

行政区划中的高级地方行政区划单位变动最大，秦汉时期为"郡"，东汉末期及魏晋南北朝时改为"州"，唐朝为"道"，宋朝变为"路"，元明清成为"省"。郡从秦到东汉末被州取代，历经约 400 年；州到唐代被道取代，历经约 430 年；道到宋代被路取代，历经约 300 年；路到元代被省取代，历经约 300 年。但县从秦到现代基本未变，而且县的数目基本维持在 1000～1730 个，是相对最稳定的基层行政区划单位（见表 1-2）。

表 1-2 古代县级行政区划演变

单位：个

朝代	时间	县级政区数
秦	—	约 1000
西汉	公元前 2 年	1587
东汉	140 年	1180
三国	265 年前后	约 1190
西晋	280 年	1232
南北朝	580 年	约 1724
隋	609 年	1255
唐	807 年	1453
北宋	1085 年	1235
元	1330 年	1127
明	万历年间	1384
清	1820 年	1549

资料来源：根据中国行政区划研究会编《中国行政区划研究》（中国社会出版社，1991）整理。

此外，高层行政区划单位的易变性还表现在：越是早出现的地方行政单位，随着社会发展，其级别会越来越低。"县"出现最早，开始辖郡，后郡的级别升高，开始辖县，后来随着新的行政单位的诞生，县开始成为三级、四级乃至最基层的行政单位。"郡"在秦汉时期是最高一级地方政区，后成为"州"的下级单位，直至消失。"州"在魏晋时期为最高一级行政单位，后来降为二级、三级行政单位。

二 中国古代行政区划演变特征的现代启示

（一）以经济为主导、以政治为根本确定行政区划

从分封制走向郡县制，强化中央集权，是整个中国古代行政区划变革的核心趋向。分封制促进了民族融合，造就了中华文化的厚重与博大，为统一的多民族国家发展奠定了坚实的社会基础。不过郡县制似乎更为历代统治者所接受，郡县制的形成与发展标志着中国历史上国家组织形态和权力结构关系的根本转型，是国家行政管理体制与运行机制上的重大改革与制度创新。

中国古代行政区划以郡县制为基础，表现了前后因袭、循序渐进，内外相制、轻重相维，量地制邑、度地居民等特点，这些特点表现了行政区划的两个本质特征，即以经济为主导与以政治为根本。

所谓以经济为主导，主要指行政区划随着国家经济状况的变化而发生变化，这有两个基本的表现，其一为县域数量

的变化，伴随经济中心从北向南的历史变迁，行政区划也呈现从北密南稀到南密北稀的变化。其二为经济的发展状态成为行政区划的划分与等次确定的主要因素，历代王朝都以户口或税赋为行政区划的重要依据。这意味着随着经济发展的需要，行政区划必然随之发生相应的变化。

所谓以政治为根本，即历朝历代的行政区划都以政治统治为根本目的，强调实现中央政府对地方控制的基本职能，尤其表现为对人口和土地的控制，以此维持社会稳定和政治统治。封建社会的政治性原则主要指实现中央集权。在这样的原则前提之下，行政区划总是在"沿用"前朝旧制的同时，进行"变革"，强化中央集权。而强化中央集权最简单、最直接的方式就是增加行政层级或者监察部门。正是基于这一目的，行政区划的层级才表现为从二级、三级、四级到五级逐渐增加的历史态势。也就是说，如果要加强中央集权，就增加行政层级；如果要地方分权，则减少行政层级。

现代社会，经济发展迅速，尤其是改革开放以来，我国经济发展迅猛，其中尤以县域经济的繁荣发展为明显标志，而经济主导行政区划的历史经验表明，经济的发展需要行政区划的调整，以此为经济的持续发展消除障碍、提供空间与动力。新中国成立以来，无论是市管县体制改革还是省直管县体制改革，都是顺应社会经济发展的需要而做出的制度创新。另外，现代国家政治功能的实现不再单单依靠政府的强制力，也依靠政府的社会管理能力，而政府职能实现的程度以政府与社会民众的行政距离为基本前提，因此，在行政区划方面，减少行政层级，缩短政府与民众的行政距离，更符合现代民主的本真含义。

（二）行政区划层级变动：稳定基础上的渐进调整

一是高层行政区划单位的易变性。高层地方行政区划单位的易变性表明中央与地方之间的关系一直在调整。行政层级的螺旋增加表明每一个朝代的土地面积和人口都在发生变化，进而行政层级也发生变化，但是总的历史趋势是以增加层级为主，这符合中央集权逐渐强化的历史演变。行政层级的变化直接表现在高层地方行政区划单位从虚变实，因为只有实化的行政区才符合集权统治的政治需要，但是中央集权的要求在变化，这必然导致高层行政区划单位不停变动。高层行政区划单位的易变性说明，在中央政府与高层地方政府之间，以及高层行政单位之间，一直没有找到比较契合的构架模式。

古代农村社会相对自治，农民处于小农生存状态。在对政府职能的需求较少的状态下，行政区划依然在不断地进行调整。这表明，中央与地方之间、地方高层之间的关系在不断调整，"变"是永恒的，"不变"是暂时的。

二是基层县级政区单位的稳定性。县级行政区划单位延续了 2000 多年，至少表明县级政区的存在具有合理性。作为特定的政治单元、经济单元与文化单元，县级政区是有效处理社会公共事务的合理单元。这种合理性至少表现在三个方面：一是以县为政治单位进行统治能够带来稳定；二是以县为经济单位能够带来税赋收入；三是以县为文化单位能够形成文化认同。

这样的历史规律表明，行政区划的调整应以"稳定基层"为基本原则，也就是稳定县级政区，在此基础上重点调整县级以上行政区划，而问题的关键就在于县级以上行政区划的行政层级与管理幅度之间的比例关系，这对正在进行的省直管县改革具有直接的借鉴意义。中国古代行政区划的行政层级与管理幅度之间的关系可为当代行政区划变革提供统计意义上的证据（见表1-3）。

表1-3 中国历代政府行政层级与管理幅度变化

时期	一级政区（个）	二级政区（个）	三级政区（个）	四级政区（个）	几何平均管理幅度
秦代	36	900	—	—	30.0
西汉	110	1587	—	—	39.5
东汉	14	125	2203	—	13.0
三国	16	158	1190	—	10.6
隋代	190	1255	—	—	35.4
唐代	48	295	1453	—	11.3
宋代	23	298	1235	—	10.7
元代	16	270	326	1127	5.8
明代	15	196	1169	—	10.5
清代	27	355	1191	—	10.6

注：几何平均管理幅度即最低一级政区数开其层级数次方。如二级制二级政区数为900个，则其几何平均管理幅度为30，三级制三级政区数为1000个，则其几何平均管理幅度为10。

资料来源：侯景新等编著《行政区划与区域管理》，中国人民大学出版社，2006。

从表1-3可以看出：随着行政层级的增加，几何平均管理幅度是减小的。实行二级行政层级的政府，一级政区数比较多，高于30个，几何平均管理幅度为30~36，这样的数据可能意味着当地方行政层级是二级的时候，上级政府管理的下级政府单位数在30~36个比较合理。不过历史上的二级制一般伴随着中央派出机构的严密监察与协调。实行三级行政层级的政府，一级政区在48个以下，几何平均管理幅度为10~13，这表明，当地方行政层级为三级的时候，上级政府管理的下级政府单位数为10~13个比较适宜，自然这样的制度设计必然会增加行政成本。联系到我国现在的省直管县改革，表1-3可提供的历史借鉴是：可以增加省直管县的数量，不过这种增加不应无限制增加，需要设立相应的监管和协调机构，以保证省级行政单位对县级行政单位的整体管理与横向协调。

总体而言，中国古代行政区划的演变历史为现代省直管县改革提供的主要借鉴有以下三个方面：一是行政区划必须考虑经济发展水平，尤其是县域经济的发展水平；二是行政区划应以基层政区稳定为基本前提，以此满足社会管理与政治统治的双重需要；三是在行政区划设计中，上级单位管辖的下级单位数量存在一定限度。

第三节 新中国成立后行政区划历史变迁与特点

一 新中国成立后行政区划历史变迁

1949年10月，中华人民共和国成立，行政区划建设的主要目的是巩固新生的人民政权。同时，党和政府遵循历史继承性规律，以及不同时期经济、政治、社会发展的辩证关系，逐步建立了适应新中国国家政权建设和社会经济发展需求的行政区划体制。

（一）军政委员会时期（1949年10月至1954年9月）

抗日战争时期，中国共产党领导的边区政府为了战时需要，建立了"多层次、小幅度"的行政体系：中央–边区政府–行政公署–行政专署–县（市）–区（乡），这种多层体制在新中国成立初期被继承下来，表现为在全国范围内形成了"大行政区制"的六级行政体制，即大区–省–（专区）–县–（县辖区）–乡。

中央政府下设6个大区，大区设人民政府或军政委员会，下管50个省级行政区，包括29个省、8个省级行署区、13个直辖市，另有自治区、地方各1个（见表1-4）。省下设县、乡。省、县之间设省政府派出机构——专员公署（专区）；少数民族聚居地区设盟、自治州，作为省、自治区的派出机构。县与乡之间主要设置县政府的派出机构——县辖区（区公所）。

表1-4 军政委员会时期的省级行政区划

大行政区	省级行政区			
	省	直辖市	省级行署区	合计
东北行政区	辽东、辽西、吉林、松江、黑龙江、热河	沈阳、旅大（今大连）、鞍山、抚顺、本溪	—	11
华北行政区	河北、山西、平原、察哈尔、绥远	北京、天津	—	7

续表

大行政区	省级行政区			
	省	直辖市	省级行署区	合计
西北行政区	山西、甘肃、宁夏、青海、新疆	西安	—	6
华东行政区	山东、浙江、福建、台湾	上海、南京	苏北、苏南、皖北、皖南	10
中南行政区	河南、湖北、湖南、江西、广东、广西	武汉、广州	—	8
西南行政区	贵州、云南、西康	重庆	川东、川西、川南、川北	8
内蒙古自治区（1947年5月成立）				1
西藏地方（1951年5月和平解放）				1

资料来源：民政部网站，http：//qhs.mca.gov.cn。

经过几年的调整和合并，我国省级行政区划由原来52个减为46个，其中省30个、中央或大行政区直辖市14个、民族自治区1个、地方1个。1954年，我国撤销大行政区，共有省级行政区31个，行署、专区级行政区198个，市级行政区163个，县级行政区2103个（见表1－5）。

表1－5　1954年全国行政区划统计

级别	数量（个）	备　注
省级	31	25个省、1个自治区、3个直辖市、1个地方、1个地区
行署、专区级	198	151个专区、7个盟、25个自治区、7个行政区、2个行署、4个矿区、1个工矿区、1个特别区
市级	163	141个省辖市、22个专辖市
市辖区级	821	—
县级	2103	1998个县、54个旗、5个镇、1个矿区、1个工矿区、5个区、38个自治县、1个自治旗

资料来源：民政部网站，http：//qhs.mca.gov.cn。

（二）人民委员会时期（1954～1966年）

该时期我国实行省－（专区）－县－乡（人民公社）三实一虚四级制。1954年6月，《中央人民政府关于撤销大区一级行政机构和合并若干省、市建制的决定》发布，决定撤销六大行政区。

此时上层行政区划变动比较频繁，到1955年，省级行政区划变动情况如下：①将辽东、辽西两省合并为辽宁省。②撤销松江省，并入黑龙江省。③撤销宁夏省，并入甘肃省。④撤销绥远省，划归内蒙古自治区。⑤在14个直辖市中，除北京、天津、上海为中央直辖市外，其余11个全部改为省辖市。其中，沈阳市、旅大市、鞍山市、抚顺市、本溪市并入辽宁省，哈尔滨市并入黑龙江省，长春市并入吉林省，武汉市并入湖北省，广州市并入广东省，西安市并入陕西省，重庆市并入四川省。⑥撤销热河省，划归河北、辽宁、内蒙古。⑦撤销西康省，并入四川省。

省级以下行政区划的变化情况如下：全国县级行政单位数量，1959年为1837个，1963年增至2106个，1977年增至2152个。乡总数1957年底减至97030个，人民公社化以后，农村基层行政区划单位由乡改为公社。行署、专区级行政单位数量1959年减为158个，1965年又增至205个（见表1－6）。地方政权建设规范之后，县直管乡的条件具备，一些省全部或部分地撤销了县辖区，到1957年底全国县辖区数量减少到了8663个。

表 1-6　1965 年全国行政区划统计

级别	数量(个)	备注
省级	29	22 个省、5 个自治区、2 个直辖市
行署、专区级	205	168 个专区、7 个盟、29 个自治州、1 个行政区
市级	167	73 个省辖市、94 个专辖市
县级	2125	2004 个县、66 个自治县、51 个旗、3 个自治旗、1 个镇

资料来源：民政部网站，http：//qhs. mca. gov. cn。

（三）革命委员会时期（1966～1980 年）

这时期我国实行省-地区-县-人民公社四级制行政区划。省级行政区的调整主要是将内蒙古自治区东部和西部部分地域分别划归黑龙江、吉林、辽宁和宁夏，其余较稳定。但是，作为省政府派出机构的专区等纷纷改为地区，并正式演变成省与县之间的一级行政区域，"文革"中县辖区大部分被撤销。1980 年全国行政区划状况见表 1-7。

表 1-7　1980 年全国行政区划统计

级　别	数量(个)	备注
省　级	30	22 个省、5 个自治区、3 个直辖市
地　级	209	170 个地区、9 个盟、29 个自治州、1 个行政区
市　级	220	102 个省辖市、118 个地辖市
县　级	2136	1998 个县、72 个自治县、53 个旗、3 个自治旗、4 个特区、3 个工农区、1 个林区、1 个山区、1 个镇
市辖区	511	—

资料来源：民政部网站，http：//qhs. mca. gov. cn。

（四）人民政府时期（1980 年以后）

1979 年五届人大二次会议通过《地方各级人民代表大会和地方各级人民政府组织法》，将各级革命委员会改为各级人民政府。1982 年《宪法》对地方政府组织结构及体制做出了重大改变，按照规定，全国实行省、县、乡三级行政体制。

改革开放后，我国行政区划的格局基本稳定，省级政区为一级地方政区，地区演变为市，形成了以省－市（州、地区）－县（市）－乡（镇）为主的实四级制和三实一虚四级制并存的行政区划体制。十一届三中全会以后，国家工作重心转移到经济建设，行政区调整开始注意尽量使其与经济区划、国土规划协调统一。此时，地级政区规模扩大，县级政区数量增多，恢复了乡和县辖区。

这一阶段，省级政区数量从 30 个上升为 34 个，上升幅度为 13.33%，内地省级行政单位只增加了两个——海南省和重庆市。地级行政区划的调整较为明显。1978 年《宪法》将地区改为省政府派出机构后，它还不是行政区域。1983 年开始推行"市管县"体制，地、市合并，撤地设市，地级市不断增多，使得省、县之间的地级政区实化。至 2007 年底，全国有 28 个省份存在市管县，273 个地级市领导了 1266 个县域，另外代管了 308 个县级市。县级政区数量自改革开放后呈增加趋势，结构性变化较为复杂，县、县级市、自治县的数量均大幅上升，1987 年以后，撤县设市、设区及城市化发展，使县级市数量增加、县的数量减少。1998 年以后，撤地建市，大量县级市被调整为地级市辖区，县级市数量逐渐减少，地级市数量有所增加。而近 20 年县级政区数量的增加主要是市辖区数量增加。2012 年我国行政区划状况见表 1 - 8。

表 1 - 8　2012 年中国行政区划统计

级别	数量（个）	备注
省　级	34	4 个直辖市、23 个省、5 个自治区、2 个特别行政区
地市级	333	285 个地级市、15 个地区、30 个自治州、3 个盟
县　级	2852	860 个市辖区、368 个县级市、1453 个县、117 个自治县、49 个旗、3 个自治旗、1 个特区、1 个林区
乡　级	40446	2 个区公所、19881 个镇、12066 个乡、151 个苏木、1063 个民族乡、1 个民族苏木、7282 个街道办事处

资料来源：民政部网站，http：//qhs.mca.gov.cn。

二　新中国行政区划变迁的主要特点

新中国行政区划变迁主要经历了军政委员会、人民委员会、革命委员会、人民政府四个时期，表现为从形成、变动、混乱到走向完善的制度变迁过程。具体而言，新中国成立以来的行政区划变迁表现了以下几个特点。

一是类型多，规模悬殊。我国行政区划的分类根据国情可以分为民族型政区，如自治区、自治州、自治县、民族乡、苏木等；一般型政区，如省、地级市、县、县级市、镇、乡等；特殊型政区，如大行政、专署、行署、县辖区（区公所）、特别行政区等。

二是层级多元，设置多样。我国行政区划的层级设置呈现多元化特点，现行体制以省－市（州、地区）－县（市）－乡（镇）为主，此外还存在直辖市－市辖区、自治区－自治州－自治县（旗）－民族乡、省－县（市）－乡（镇）等多种样态。同时，同一层级的行政区设置存在多样化特点，如省级政区有直辖市、省、自治区、特别行政区等形式。这表明行政区划存在较强的灵活性与变通性，因循社会发展，不必拘泥于历史约束，而应该根据具体情况因时而动、因事而变。

三是高层稳定，基层变动。古代中国高层政区变动较大，而基层政区以"县"为代表，处于比较稳定的状态。新中国成立以来的行政区划变动与此不同，高层尤其是省级政区基本稳定，而市、县、乡级政区变动较大。市级政区由派出性质的行署、专区转变为领县的实体化行政层级。县级政区因为经济的发展变为市级辖区和县级市，因而数量减少较快，1983 年有 1942 个，1992 年有 1668 个，1999 年有 1510 个，到 2006 已经减少为 1464 个。乡级政区因为裁撤和合并，也明显减少，1985 年有 91138 个，1990 年有 55838 个，2000 年有 43735 个，到 2006 年为 34675 个，尽管 2012 年的数量为 40446 个，但是总的趋势是数量减少。

第四节　现代行政区划的体制转变：
从市管县到省直管县

一　市管县体制的产生、发展与利弊分析

新中国成立以来，伴随行政区划的调整与行政建制的变

革，地级建制一直在虚实之间变动。新中国成立以后，地级建制经历了初期的设置、"大跃进"的高潮、"文革"时的衰落以及改革开放后的再度兴起，最终形成市管县体制。

（一）市管县体制的产生与发展

1958 年以前，仅有少数市领导县，如无锡市领导无锡县、徐州市领导铜山县、兰州市领导皋兰县。其他如北京、天津、旅大（今大连）、本溪、杭州、重庆、贵阳、昆明等市也曾实行过市领导县。此时的市领导县并没有形成"体制"，其主要目的是保证大城市的蔬菜、副食品供应。

从 1958 年的"大跃进"开始，我国市领导县的范围迅速扩大。1959 年 9 月 17 日，全国人大常委会通过了《关于直辖市和较大的市可以领导县自治县的决定》，指出实行市管县体制是"为了适应我国社会主义建设事业的迅速发展，特别是去年以来工农业生产的大跃进和农村人民公社化，密切城市和农村的经济关系，促进工农业的相互支援，便利劳动力的调配"。这一文件以法律的形式肯定了市管县体制。到 1960 年底，全国共有 48 个市领导 234 个县（自治县），代管 6 个县级市。20 世纪 60 年代初经济困难时期，市管县体制推进进入低潮期。1965 年底仅剩 25 个市领导 78 个县、1 个自治县。"文革"时期，市管县体制发展平缓，20 世纪 70 年代后，市管县体制又逐渐复苏，至 1980 年底，全国共有 53 个市领导 163 个县（自治县）。

此时的行政区划，是在计划经济体制下地方分权的一种尝试。市领导县至少在一定区域内扩大了地方的权力空间，不过此时的市领导县仅仅是调节城乡经济、解决城市发展困难的权益性调整机制，并不是完整的一级行政区划。当然，此时的行署和专区的权限也越来越大，具有向实体行政层级转化的明显趋势。

大规模地推行市管县体制是 20 世纪 80 年代以后的事。1982 年，中共中央、国务院《改革地区体制，实行市领导县体制的通知》向全国发出了改革地区体制、实行市管县体制的指示，先在江苏试点，后在全国试行。伴随经济体制改革的深入发展，全国在 1985 年、1988 年、1994 年、2000 年形成了市管县改革的数度高潮。到 1994 年底，除海南省外，内地各省、自治区、直辖市都试行了市管县体制，共有 196 个市领导了 741 个县、31 个自治县和 9 个旗、2 个特区，代管了 240 个县级市。到 2005 年，除了 30 个自治州、3 个盟、17 个地区之外，全国 283 个地级市领导了 1546 个县级政区，约占全国县级政区总数的 76.91%，人口占总人口的 80% 以上，市管县体制已发展为我国主导性的地级行政建制。

（二）市管县体制的利弊分析

省份面积过大、人口过多、管理不便是市管县体制形成的客观原因，原有的地区管理体制不利于经济的区域性整合，具有明显的体制性治理缺陷，也为市管县体制的形成提供了体制性动力。因此，可以说在整个社会制度环境实现根本转型的背景下，市管县体制是我国经济社会发展到一定阶段，在市场经济体制改革的客观形势下产生的制度。

作为一种行政主导性的地市级政区管理体制，市管县体制符合我国城市化发展的要求。计划经济时代的城乡分割、行政配置方式不利于资源要素的凝聚和流动以及城乡协调发展，而市管县体制将城市和乡村划归城市统一领导，有利于打破城乡分割，实现城乡生产要素的合理配置，有利于城市工业向县域扩散，也有利于发挥城市对县域经济发展的重要支持作用。在当时的历史条件下，这种管理体制促进了行政管理体系与经济体系的协调均衡，有利于运用行政力量推动经济体制改革与组织经济活动，促进城乡统筹发展。

不过，伴随市场经济体制改革的深入和国家经济、社会的迅速发展，市管县体制在经济和行政方面也表露了明显的问题。首先，在经济方面，地级市主动辐射有限，对周边地区的带动作用不强，存在"小马拉大车"的问题。除了少数大城市和省会外，多数地级市不具备中心城市的实力和功能，对周边地区的辐射和带动能力不足，而且为了城市的发展，很多地级市更多的是从县级区域获取发展资源。此外，地级市往往以城市工作为中心，将更多的公共资源投到城市建设方面，而削弱了对农村社会发展的工作指导和资源投入，对县域农村社会发展的带动作用比较弱。其次，在行政方面，市领导县增加了管理层次，不利于政府机构的高效运转，而且行政机构、编制规模和财政支出也必然加大。最后，市县定位模糊，市县关系不合理，竞争加剧。我国《宪法》规定直辖市和较大的市可以领导县，但没有关于直辖市和较大的市可以领导县级市的规定。现实中存在很多因循行政命令造成的行政事实，这导致市县权力关系混杂。省级政府趋向于宏观管理，县级政府专注于微观管理，而地市级政府则混合了两级政府的权力，尤其是将县级政府权限收归己有，对县级政府管得过多，造成县域活力缺失。同时，市县发展相对独立，这样势必造成两者竞争加剧，影响县域经济的正常发展。

二 省直管县的发展过程、模式与借鉴

从中国行政区划的历史演变可以看出，处于中间层级的地方行政建制的稳定性较差。新中国成立以来的地级建制也表现了这样的特点，地级建制一直在存废、虚实之间徘徊，成为最不稳定的一级行政建制。随着我国经济的发展，尤其是县域经济的迅猛发展，县域突破体制性障碍的动力越来越明显，市管县体制的合理性和发展走向问题成为理论争论的焦点，并形成了两种截然不同的观点，即保留和取消。保留论者提出了"强市论"的改革观点，取消论者则提出了"省直管县"的改革建议。目前，中央政府显然采纳了后一种改革建议，并且开始进入改革实验阶段。

（一）省直管县的发展过程与不同模式

省直管县体制改革的目的非常明确，就是通过体制改革，减少行政层级，增强县级政府的经济社会管理权力和财政权力，推动县域经济的健康快速发展，以此解决县乡财政困难、

农村社会发展缓慢等现实问题，并最终实现整体意义上的体制创新与治理创新。省直管县体制改革是一个逐步展开的变革过程，首先表现为强县扩权和财政直管。从 1992 年开始，在中央政府的支持下，浙江、河北、江苏、河南、安徽、广东、湖北、江西、吉林等省份陆续推行了以"强县扩权"为主要内容的改革试点，对经济发展较快的县域进行了扩权，把地级市的经济管理权限直接下放给一些重点县。2002 年，浙江省把地级市的 313 项经济管理权限下放至 20 个县级政区。随后，安徽、湖北、河南、山东、江苏、福建、湖南、河北等省份先后将部分归属于地级市的经济社会管理权直接赋予了经济强县。

2005 年 6 月，温家宝在全国农村税费改革试点工作会议上指出："要改革县乡财政的管理方式，具备条件的地方，可以推进'省管县'的改革试点。"党的十六届五中全会提出要优化组织结构、减少行政层级，条件成熟的地区可以实行省直管县的财政体制。"十一五"规划提出要理顺省级以下财政管理体制，有条件的地方可实行省直接对县管理的体制。《关于推进社会主义新农村建设的若干意见》也要求有条件的地方可加快推进"省直管县"财政管理体制改革。截至 2006 年 6 月，全国实行财政省直管县的省份有河北、山西、海南、辽宁、吉林、黑龙江、江苏、浙江、安徽、福建、江西、山东、河南等。在省直管县体制改革的过程中，各省份依据各自的条件进行了相应的体制改革，形成了各种改革模式，如浙江模式、海南模式等，但并没有形成统一的可全面复制推广的经验或操作方案。

1. 浙江模式

浙江省的县域经济比较发达，其省直管县体制改革更多的是县域经济社会发展的"倒逼"，因此浙江模式表现了诱致性制度变迁的特点，主要举措是财政省管县和强县扩权改革。

在财政省管县改革方面，从 1992 年开始，浙江省进行了多次财政体制改革与五次对经济强县（市）的扩权与放权。2003 年，浙江省出台了《关于进一步完善地方财政体制的通知》，其主要做法有：第一，明确收支划分和收入分成，保证县级财政必要的财力基础。浙江省实行"省内分税制"，原则上，县（市）财政增收部分，20%上缴省财政，80%留归县（市）财政，少数欠发达地区还可适当照顾。第二，实行激励与约束相结合的财政政策。采取财政激励措施，依据财政增收状况和经济发展状况确定系数，发放省级补助，以此激发县（市）积极性。第三，建立规范的转移支付制度。

在强县扩权改革方面，浙江省先后六次扩大县（市）政府的经济社会管理权限。1992 年，浙江省出台政策，对萧山、余杭等 13 个县（市）下放部分经济管理权限。1997 年，浙江省对萧山、余杭下放审批管理权限 12 项。2002 年，浙江省对绍兴、温岭等 20 个县级行政区下放 313 项经济社会管理权限。2006 年，根据依法放权的原则，浙江省将金华市 16

项管理权限下放给义乌市，同时给予义乌市 472 项省级部门经济社会管理权限。2008 年底，浙江启动第五轮扩权改革，义乌市在保留原有 524 项扩权事项的基础上，新增 94 项。2009 年，浙江省向全省（除宁波外）所有县（市）一次性下放 443 项审批权，浙江几乎所有的县域得到了原属地级市的经济管理权限。

另外，在干部人事管理方面，浙江省一直实行的是县（市）委书记、县（市）长由省直接管理的干部管理制度。在扩大事权的基础上，浙江省在人事权方面也相应采取了提升试点县域党政班子"一把手"级别，使其享受副厅级待遇，其升降调配由省管理、市备案的政策。

2. 海南模式

1988 年 4 月，中共海南省委、省政府正式挂牌成立，并率先确立了省直管县体制，其主要特点可以归纳为"四个直接、一个履行、一个保障"。"四个直接"是指省委、省政府直接指导县（市）；县（市）领导班子由省委直接考核、任命和管理；县（市）财政与省财政直接发生关系，对县（市）的财政转移支付、专项支付、专项补贴都由省财政直接发放；所有县（市）委书记都是省委委员或候补委员，直接参与省委的重大决策。"一个履行"是指县（市）政府直接履行省辖市的行政职权。"一个保障"是指通过立法给予省直管县改革法制保障。

2008 年，中共海南省委《关于进一步完善省直管市县管理体制的意见》出台，具体改革措施主要有：第一，科学划分省与县（市）两级政府的职责。省级政府主要履行规划发展、政策指导、统筹协调、执行和执法监管等职责。县（市）政府的职责主要是贯彻执行国家和省制定的政策法规，推动经济社会发展，以及提供公共服务等。按照"责权统一、重心下移、能放则放、依法合规、分步实施"的原则，海南省向县（市）下放197项权限，其中经济管理事权有166项，占下放事权总数的84.3%；涉及社会事务管理的事权有31项，占下放事权总数的15.7%。第二，理顺省与县（市）两级财政分配关系。县（市）财政与省财政直接发生关系，省财政对县（市）的财政转移支付、专项支付、专项补助、专项补贴等直接发放。行政性收费及罚没收入根据需要适当提高县（市）分成比例。完善现行均衡性转移支付体系，优化转移支付结构，逐步提高一般性转移支付规模和比例。第三，完善干部管理制度。海南省注重选好配强县（市）领导班子，海南省的县（市）一级领导班子都由省委直接考核、任命和管理，所有县（市）委书记都是省委委员或候补委员，直接参与省委重大决策。对于当前实行县（市）和省直有关部门双重管理的领导干部任免，除中央文件或国家法律明确规定必须由上级部门协管的以外，统一由县（市）党委按照干部管理权限自主决定。

3. 重庆模式

重庆市是中国面积最大、人口最多、管辖区县最多的直辖市。重庆市的行政区划改革包括行政省直管县和扩权强县等内容。

在行政省直管县改革方面，重庆市进行了行政区划的精简工作，1995～2008年，经过撤并行政区划、取消地级市建制、撤区并乡建镇三次体制变革，对辖域19区21县全部实行直管，行政层级由原来的五级改为三级，实现了行政管理的扁平化。重庆市实施省直管县的过程是渐进的。首先是直管与代管，1998年撤销涪陵市、万县市和黔江地区，原涪陵市所辖4个县由重庆市直管；设立万州区，统辖3个开发区，代管6个县；设立黔江开发区，代管5个少数民族自治县。其次是全部直管。1999年，重庆市按照直辖市行政体制改革要求，实现了直接管理40个区县。最后是撤销区公所。2000年，重庆市将107个区公所全部撤销；2005年将万州区所辖的3个开发区全部撤销；2006年，将江津市、合川市、永川市、南川市撤市建区。2007年6月，国家正式批准重庆市成为全国统筹城乡综合配套改革试验区。

在扩权强县改革方面，2006年，重庆市将92项行政权项赋予了万州等六大区域性中心城市政府或其有关部门。2007年初，重庆市出台《关于进一步实施区县扩权推进城乡统筹发展的决定》，将89项行政权项赋予了各区县人民政府或其有关部门。2007年12月，重庆市人民政府又将赋予万州等六区政府或其有关部门的83项行政权项赋予了全市其他区县人民政府或其有关部门，另外将33项行政权项赋予除主城九区以外的区县人民政府。

4. 湖北模式

为了支持县域经济发展、推进乡镇综合配套改革、促进城乡公共服务均等化，2004 年，湖北省启动了财政省直管县改革，对全省 52 个县（市）（不含恩施州所辖的 8 个县级行政区）进行财政体制改革，内容包括预算管理、转移支付与专项资金补助、财政结算、资金报解与调度、债务偿还等，以财政省直管县改革前一年省核定的县（市）体制补助或上解基数为基数，相应地调整省对县（市）的体制补助与税收返还等。省对县（市）的各项转移支付、专项补助资金直接分配下达直管县（市）。省财政直接确定直管县（市）的资金留解比例、预算执行中的资金调度，由省财政直接拨付到县（市），直管县（市）国库直接向中央、省报解库款。

湖北省前后设立了三批扩权试点。2003 年，湖北省向天门、仙桃等首批 20 个县份下放发展计划、经济贸易、国土资源等 12 个方面 239 项经济社会事务管理权限。2005 年，湖北省列出第二批扩权县份名单，共 12 个。2006 年新增阳新县、谷城县、远安县等 10 个县份为第三批扩权县份，到 2007 年扩大到 55 个，全省仅恩施州下辖 8 个县份未进行扩权。

湖北省省直管县的党政正职由省委管理，四大班子成员和纪委副书记、法院院长、检察院检察长由省委委托省委组织部管理；其他副县级干部改为由直管县（市）管理，报省委组织部备案。

5. 吉林模式

2005 年，吉林省同时开始推进财政省直管县与扩权强县改革。在财政体制方面，吉林省以税种划分各级收入，以政府事权划分各级支出，将 2004 年县（市）对市的体制上解调整为县（市）对省的定额上解基数，相应减少市对省的定额上解基数。同时，吉林省规定财政基数核定、专项拨款、转移支付、财政结算、收入报解及预算、政府债务等方面由省直接核定到直管县（市），并制定了相关的配套措施。

2005 年，吉林省对省内全部县（市）推行了扩权强县改革，依据国家法律取消和实际取消行政审批权限 125 项，占放权总数的 14.5% ；依法下放和实际下放行政审批权限 540 项，占放权总数的 62.6% ；依法部分下放行政审批权限 197 项，占放权总数的 22.9% 。

（二）差异化模式的总结与借鉴

通过对以上几个省份省直管县改革的主要内容进行分析，我们可以发现每一个省份的做法都不一样，这表明，省直管县改革存在差异性。不过从整体而言，几乎所有省直管县改革都主要侧重于财政体制、行政管理体制与干部管理体制三方面的改革。总体而言，省直管县的"三权直管"改革内容表现了如下特点。

第一，财政体制改革以"分"为主，表现为分比例、分税种、分职能。财政的省直管县，也就是实现省级财政和县级财政的直接对接，其核心改革思想是，重新划分省、市、县关于地方共享税的分享范围和比例，扩大县级财政的分成比例，加强对县级财政的管理和领导。

第二，行政管理体制改革以"放"为主，表现为分阶段放权、分区域放权、分职能放权。多数省份的做法是在放权时间上分阶段，在放权对象上由试点逐步普及，在放权内容上由少数特定的职权逐步丰富。省通过经济社会管理权限的下放，增强县（市）的自主性，使其按照县域发展的实际情况进行社会管理和发展经济。

第三，干部管理体制改革以"升"为主，表现为"高配"和"高管"。"高配"就是将试点县（市）委书记和其他正职干部由处级升为厅级。"高管"就是将县（市）的正职领导交由省委直接管理，其他县级领导委托省委组织部管理或原地级市委管理。

省直管县体制符合国家经济、政治和社会的发展要求，是行政体制改革的趋势和方向。显然，目前这些做法的直接效应就是增强了县级政府的独立性，使其能够拥有更广阔的行动空间和更自主的权限，这对激发县域经济活力有比较强的推动作用。不过同时也应该看到，行政授权是双向的权力分配过程，即在权力下放的同时，应该加强权力的控制与监督。单向授权可能带来消极后果，如产生县域区域性行政隔离，不利于区域协调和合作。因此，在省直管县的深入推进过程中，必须强化省级政府的权力控制与行政监督。通过权力下放增强县域独立性，通过权力控制与监督增强直管县（市）与原地级市以及周边地区的行政协作，以此实现独立性和协作性的均衡。

总体而言，目前仍然处于试点阶段的省直管县体制改革是对现行行政体制的适应性变革，并不是对现行行政体制的根本性变革，在此过程中必然存在诸多矛盾和问题，如与现行体制的融合发展问题、改革前后县级与市级政府之间的协调问题、省级政府的行政能力与管理幅度问题等，仍然需要更为深入的实践试验和理论探讨。

小　结

古代中国地方行政区划经历了郡县制、州县制、省县制的变迁，在此变迁过程中，呈现了前后因袭、循序渐进，内外相制、轻重相维，量地制邑、度地居民等整体特征。其表现为行政层级越来越多，从二级到三级，直至四级；高层地方行政区划单位由虚向实转化；高层行政区划单位易变，基层行政区划单位稳定等具体特点。这种历史变迁特点为我国新阶段的行政体制改革至少提供了两点可供借鉴的启示：第一，以经济为主导、以政治为根本确定行政区划。经济的变化牵引着行政区划的适时变动，行政区划需要根据国家经济的发展状况适时进行变革，这样既能够符合经济发展的需要，又能够促进政治职能的实现。第二，行政区划与行政层级的变动需要遵循渐进式变革策略，进行以维持县级政权稳定为基本前提的渐进性调整。

新中国成立以来的行政区划经历了军政委员会时期、人民委员会时期、革命委员会时期、人民政府时期，表现了类型多、规模悬殊，层级多元、设置多样，高层稳定、基层变动等特点，其中最大的体制变革是市管县体制变革，市管县体制在特定的发展阶段促进了城市经济、社会的发展，但是同时也暴露了很多的局限性与体制弱点。因此，省管县替代市管县成为行政体制改革的重大方向，并且在各地都有了不同的地方性实践，出现了不同的模式。实践表明，省直管县使县级政府的自主性得到了极大提升，省直管县对县域经济发展有明显的促进作用。不过不同模式表明了省直管县仍然处于"试验"阶段，在深化改革的过程中，必须注重省直管县的自主性与协作性的均衡发展，这是省直管县改革成功的关键。

（执笔：李有学）

参考文献

中国行政区划研究会编《中国行政区划研究》，中国社会出版社，1991。

侯景新等：《行政区划与区域管理》，中国人民大学出版社，2006。

宋亚平：《中国县制》，中国社会科学出版社，2013。

周振鹤：《中国历代行政区划的变迁》，商务印书馆，1998。

刘君德：《中国行政区划的理论与实践》，华东师范大学出版社，1996。

史卫东等：《中国"统县政区"和"县辖政区"的历史发展与当代改革》，东南大学出版社，2010。

李四林：《地方政府管理学》，北京大学出版社，2010。

周振鹤：《中央地方关系史的一个侧面（上）——两千年地方政府层级变迁的分析》，《复旦学报（社会科学版）》1995年第3期。

孙关龙：《试论我国古代行政区划变化的规律及其启示》，《广东社会科学》1990年第1期。

成军：《中国古代地方行政层级嬗变及启示》，《行政管理改革》2010年第2期。

第二章　地方行政层级设置的
国际经验借鉴

—— 以经济活动空间规律为视角

行政体制改革是一项涉及政治、经济、文化、地理及历史等诸多因素的复杂工程，可谓牵一发而动全身，而地方行政层级改革又是行政体制改革的重点和难点。虽然我国《宪法》第三十条明确规定我国地方政府行政层级是省、县、乡三级，[①] 但是自1982年中央决定在经济比较发达的地区试行"市管县"，特别是1999年中共中央、国务院发出《关于地方政府机构改革的意见》以来，全国多数省份基本形成了省、市、县、乡四级行政建制。[②]

---

① 直辖市和较大的市可下辖县。省、县、乡三级行政建制是我国《宪法》规定的、适用于全国大部分地方的行政区划模式，省、市、县、乡四级行政建制只能在内地的28个省会、4个直辖市以及19个经国务院批准的较大的市存在。《中华人民共和国立法法》对"较大的市"做了明确规定：（1）省（自治区）人民政府所在地的市；（2）经济特区所在地的市；（3）国务院批准的其他城市。

② 目前，我国多数省份实行省、市、县、乡四级行政建制，但是有一些省份除了省辖市的区划外，还包括同等行政级别的其他行政区划，如盟、地区、自治州，涉及的省份包括：内蒙古（3个盟）、吉林（1个自治州）、黑龙江（1个地区）、四川（3个自治州）、贵州（3个自治州）、云南（8个自治州）、甘肃（2个自治州）、青海（1个地区、5个自治州）、新疆（7个地区、5个自治州）。

经过多年的发展，地级市及其下辖县已经在行政、人事、财税等诸多方面形成了成熟的治理架构，市县并立、减少行政层级改革必然涉及上述几个方面的内容。

1982 年以来，完整的全国性地方行政管理体制改革已经进行了三次。改革的过程和效果表明，源于经济发展本身的现实需要并由地方党政领导人决意推动的内生型改革，最终都取得了积极成效；而源于上级的统一部署，缺乏地方经济发展强力支撑和强烈需求，同时地方党政领导人求变愿望不强、推动意志不坚决的外推型改革，则基本上成效不佳，甚至沿不同路线退回原位（傅小随，2003）。充分借鉴国内其他地区改革的成功经验，吸纳发达国家地方政府层级设置以及不同层级地方政府有关权限划分的普遍做法，理清现阶段我国和河南省经济活动的空间规律与特征，在此基础上进行制度框架设计，无疑会减少改革的成本和阻力。

第一节　发达经济体地方行政层级设置的经验概述

一　各国地方政府行政层级设置及府际关系

（一）英国

英国由英格兰、苏格兰、威尔士和北爱尔兰组成，是一个历史悠久的单一制、海洋法系国家。英国地方政府是根据联合王国议会制定的法律创立的，地方政府的组织、职权、活动原则和运行方式由法律加以规定。根据英国现行法律，各级政府职能分工明确，在各自管辖区内各司其职。英国地方政府构成复杂多样，不同区域地方政府层级不尽相同，但每个地方政府均是独立法人，是平等的自治体，彼此之间不存在行政隶属关系。地方政府管理体制以三级制为主，辅之以个别地区的二级制和一级制。

具体而言，在英格兰和威尔士，地方政府的层级和管理方式基本一致，都实行郡、区、教区（英格兰）或社区（威尔士）三级行政区划。其中，英格兰有郡 34 个、都市郡 6 个、区 330 多个、教区 11000 多个。在大伦敦区，地方政府分为两级，即大伦敦区政府、自治市政府（32 个）。在苏格兰，地方政府实行混合型的管理体系，三级制和二级制并存，三级制是大区（9 个）、区（32 个）、社区，二级制是岛屿、社区。在北爱尔兰，地方政府实行一级制，设有 26 个区，由中央政府直接管辖。

（二）美国

从宪法的角度讲，联邦制国家中的"州政府"并不是"地方政府"，州下面的县、市、镇等政府才是"地方政府"。美国州政府的职能权限在联邦宪法中有明确规定。联邦宪法在强调联邦政府高于州政府的同时，也强调州政府与联邦政府分权。美国宪法第十条修正案提出了联邦和州两级政府分权的准则，即州政府拥有"保留权力"："宪法未授权给合众国，也未禁止各州行使的权力，由各州各自保留，或由人民保留。"

根据美国联邦宪法，监督州以下地方政府是州政府的专有权力。从地方政府的权力来源讲，地方政府不拥有固有的权力，其权力都由州赋予。传统上，每一个地方政府都是州创造的"工具"，只能作为州的代理人或根据州议会的特许行使权力。例如，县的创立无须经过所在地居民的特别请求、同意或者一致行动；学区、专区的权力在州宪法中规定，由州法律批准设立，学区、专区可获得独立的财政和行政管理权限。然而，必须指出，美国地方政府享有相当大的自治权。例如，州政府没有对地方政府官员的人事任免权；在事权范围上虽然边界有点模糊，但地方政府与州政府都遵循这样的原则：在与自身相关的一切事务上，各地方政府都享有完全的自治权，而在那些被多个地方政府共享的利益上，地方政府要服从能涵盖其利益最大范围的一级政府。20 世纪初以来，许多州的宪法做了修正，越来越多的州把一般性权力下放到县和市，有一半的州的宪法还加进了地方自治修正案，授权许多市和县管理各自的事务，并限制州政府官员的干预。

美国地方政府共有五种基本类型：县政府、市政府、镇政府、学区政府和专区政府。① 州政府、地方政府构成了联邦政府之下的二级政府层级关系。地方政府处于平等的位置，没有行政层级之别。

---

① 美国各州地方政府类型有所不同，如加利福尼亚州只有州、县、市三类政府。

（三）德国

德国是一个联邦制的大陆法系国家。德国共有 16 个州，按照联邦宪法的规定，州政府在管理本州事务时有完全的自主权和自决权，联邦政府可以对州政府的工作实施法律监督，但不直接领导各州政府的工作；州政府可以通过其在联邦参议院的代表对联邦立法和行政施加影响。德国地方政府以"双重功能"模式为特征，承担着广泛的任务和职责。首先，乡镇和县执行大量的由"一般能力条款"所规定的任务，即"在现有法律的范围内，决定、规制所有在其职责范围内与地方共同体相关的事务"。其次，地方政府要执行由"国家"，即联邦政府或州政府授权的任务。在执行授权的任务方面，地方政府要接受"国家"的广泛监督。

截至 1996 年 1 月 1 日，德国共有 323 个县，116 个城市县，约 12500 个乡镇。在县所辖的乡镇之外，大约有 20% 具有独立地位的乡镇，它们拥有完备的行政体系，其他一些乡镇的行政任务则委托给众多的"联合行政体"。

（四）法国

法国是一个单一制国家，中央集权的色彩较为浓重。1982 年地方分权改革以来，法国的地方政府成了以行政首脑为核心的、中央监督与地方自治相结合的地方政府，实行大区（26 个）、省（100 个）和市镇（36782 个）的三级地方政府管理体系。在法国地方政府管理体系中，大区、省、市镇都是执行中央层面做出的行政决定的地方机关，都是具有公法人资格的自治行政主体，拥有自己独立的财产、机构和预算，其权力机关享有独立的地位，彼此之间没有领导与被领导、监督与被监督、管辖与被管辖的关系，三者之间主要表现为交流、竞争与合作的伙伴关系。

（五）日本

日本是单一制大陆法系国家。在日本，地方政府被称为"地方自治体"或"地方公共团体"。地方公共团体由"普通地方公共团体"和"特别地方公共团体"构成。普通地方公共团体是指在全国地方公共团体中，在组织、事务、权力、职能等方面具有一般性而普遍存在的自治团体，这就是我们常说的"都道府县"和"市町村"。其中，都道府县被称为"广域自治团体"，属于一级地方政区；市町村被称为"基础自治体"，属基层的地方政区。1997年，日本有47个都道府县和3200个市町村。但在近些年来实行市町村合并的基础上，到2006年，市町村减少到了1821个，2008年减为1787个，其中783个市、811个町、193个村。都道府县属于同级政区，市町村也无等级关系。除此之外，日本还有一些"特别地方公共团体"，这就是特别行政区、地方公共团体协会、财产区、地方开发工业团等，但"特别地方公共团体"并不普遍存在。

二 各国地方政府职能分工

（一）英国

英国地方政府的主要职权是管理本辖区的公共事务，为本辖区的居民提供各种公共服务。郡主要负责地区规划、贸易、运输、治安、消防、垃圾处理、道路建设与养护、教育和社会福利等。区主要负责环境卫生、住房、道路维修、图书馆、垃圾处理等。教区和社区是英国非都市地区的基层政区，主要提供社会福利。但不同区域基层政府的类型、性质和职责范围存在差异。其中，英格兰的教区大约有 10200 个，它们是经村庄、小型城镇和郊区选举产生的独立民主机构，其提供的服务主要有：为残疾人供餐，提供回收设备，组织社区公共汽车，安装有利于预防犯罪的中央电视监视系统，开设本地邮局和商店等；威尔士大约有 900 个社区，但威尔士的社区议会没有法定基础，也没有征税和获取公共基金的权力；苏格兰社区的主要功能不是提供公共服务，而是进行咨询和行使代表权，反映并表达本地居民的意见。

（二）美国

在美国，县是州设立的最大分治区，实行"立法和行政"合一的体制，往往立法、行政、司法三种职能由一个机构行使。县政府的主要职能是征税、借款、福利、环保、司法、执法、登记土地、举办选举等。

市是一种规模较大的自治体，也是美国最有特色的地方

政府。目前，美国市政府有 3 种类型：市长制、市政会议 –
经理制、市政委员会制。市政府的职能主要是为居民提供公
共服务，如治安、消防、街道管理、给排水、环境工业，以
及公园、体育场等公共文化娱乐设施的建设与维护。有些人
口较多的市还为居民提供公共福利与公共教育。

镇是州内更小的行政单位，但也是由州政府创设的，而
非由市或县创设的，镇政府的政务通常委托给一个民选的委
员会或乡村议会处理。

学区和专区是为了实现某项专门职能而设立的，它们之
所以被列为地方政府，主要是因为，它们有权力执行专门职
能，并征税。它们与县、市、镇等的区别在于，后者是为进
行全面和普通的行政管理而设置的普通行政区域，是综合职
能的地方政区；而学区的主要职能是提供公共教育，专区的
主要职能是提供一项或几项相近的、专业性较强的公共服务，
如给排水、防洪、水利灌溉、水土保持、供水供电供气、公
众健康与医院等。

（三）德国

德国地方政府的自治事务主要包括：地方保健计划、市
镇、城市发展计划。具体职责如下。

（1）社会政策实施。具体而言，通过向居民征税，地方
政府在管理和财政上对社会补助项目负责。此外，地方政府
也要对更为广泛的地方服务负责，为弱势人员提供服务。

（2）公共设施。地方政府负责日常必需的一些设施的提

供，包括供水、排水、废弃物处理、公共交通、电和气的提供等。地方政府的公共服务部门已经涵盖了相关设施和服务的许多重要方面。例如，地方政府提供的服务占了水净化处理的95%，废弃物处理的95%，电供应的11%，电分配的29%，气分配的67%，水供应的85%，公共交通的64%。

（3）基础设施建设和公共资本投资。前者指道路、污水处理系统的建设等。公共资本投资（不包括国防开支）中的90%由地方政府掌握，因为在德国的地方政府结构中，联邦政府没有地区或地方办公机构，州政府承担了大多数的公共服务职能，包括公共资本投资，但它由地方政府来执行，而非由国家行政部门来执行。这里需要说明的是，地方政府在很大程度上不具有独立财政权，主要依赖联邦和州预算中的财政经费和补贴。

德国地方政府有大量的行政管理职能旨在"维护公共秩序"，主要包括许可和审核、环境保护、驾照发放、市民登记等。据估计，联邦和州70%～85%的法律是由地方政府来执行的，但地方政府不负责教育和警察事务。

（四）法国

大区是法国第一级地方行政单位，目前有26个（含4个海外大区），实行议长－政府执行局制管理。大区议会议长是地区行政首脑，除了负责议会事项外，还具有领导地区各个行政部门的职权。大区政府主要执行国家的中长期计划，负责经济结构和地区的调整，促进本地的经济发展；制订本地区发展五年计划，支持本大区所管辖的省、市镇的经济活动及中小企业和私人企业的发展；协助国家推行领土整治政策；分配和使用国家调拨的财政经费；编制年度职业培训大纲；对大区的地方公共投资和工商旅游的合理分布进行调整。

省是法国第二级地方行政单位，目前有 100 个（含 4 个海外省），实行议长－政府执行局制管理。省议会议长是地区行政首脑，除了负责议会事项外，具有领导地区各个行政部门的职权。省政府主要负责社会福利和保障政策的实施，决定省的财政预算，负责地方税收，制订城镇规划，管理省内的公路、港口和运输，建设和装备中小学教育设施，主持运营各种社会救济机构，管理社会医疗和社会保险费用，制定和资助农村的领土整治政策，讨论和分配中央调拨的费用。

市镇是法国最基层的地方行政单位。法国的市镇在法律上同时拥有两种身份，即国家的行政区域和地方团体的自治区域，实行议会－市长制管理。民选的市长既是国家在市镇的公务人员，又是市镇的最高地方行政长官，具有全面的行政管理权，这是其不同于大区和省的特殊一面。市镇政府的基本职责是提供与市镇公共建设有关的服务：负责组织和建立市镇行政机构和其他公共机构，管理公产、公共工程，建设公立公益设施，管理市镇公共机构和医院等，批准工程计划，负责建设和维修公共建筑，征收不动产税，接受遗产赠予，讨论和通过年度财政预算，计划市镇公共生活。

（五）日本

日本各级地方政府实行自治，地位独立，互不统属，根据法律进行职责分工。中央政府承担立法、外交、国防、司法、货币发行、国际收支、产业政策等关乎国家全局而地方无力承担的事务；地方公共团体（地方政府）承担社会福利、公共卫生、基础设施等与居民生活紧密相关的事务。日本政府事权划分的基本原则主要有三项：第一，行政责任明确化原则。对于任意特定事务，尽可能明确由哪级政府负责，明确行政责任；对于几级政府同时参与的特定事务，明确各级政府的责任。第二，市町村优先原则。由于市町村基层政府最了解居民的需要，并能反映到行政上，市町村能够完成的事务，就让市町村承担。也就是说，同居民日常生活密切相关的事务尽可能由居民身边的地方政府管理，地方政府不能处理的问题则由国家集中管理。第三，效率原则。行政责任受政府的规模、技术能力、财源等制约，因此，哪级政府有效率，就由哪级政府承担。

第二节 经济活动空间规律及当前
河南省空间结构特征

越来越多的实证研究表明，一个国家或地区生产可能性边界不仅受技术水平、生产要素数量和质量、使用效率及其在部门间的配置效率影响，而且受生产要素在地理空间上的配置效率的影响。长久以来，人们对经济活动空间规律的误解导致了一系列不利于经济空间配置效率提高的政策措施出现。《世界银行发展报告（2009）》指出，苏联时期，政府致力于区域平衡发展的政策导致了要素在空间上被低效率配置，这加速了苏联解体。由于我国市场经济体制机制还不完善，要素在空间配置上的市场化进程远滞后于在部门间配置的市场化进程，各级地方政府在要素的空间配置上仍然发挥着重要作用。在市管县条件下，县级行政区之间通常是合作多于竞争，这有利于在市域范围内形成一体化发展态势。① 在省直管县条件下，县级行政区与原省辖市之间会产生"不再是一家人"的感觉，竞争多于合作，甚至出现只有竞争没有合作的情形。② 因此，当经济的区域化、一体化需要突破县域扩展到市域的时候，省直管县就可能会"割断"市级与县级之间已经形成的内在经济联系（刘尚希，2014）。因此，理清经济活动空间的一般规律和河南省当前经济空间结构特征，在此基础上进行制度框架设计，无疑会减少改革的成本和阻力，更好地收获改革红利。

一 经济活动空间一般规律：集聚

经济活动在空间上最突出的特征是集聚。全球生产主要集中在大城市、发达省份和富裕国家，不足地球 1.5% 的区域囊括了世界一半的经济活动。根据任何标准，在任何地理

---

① 当前不少人，特别是公共管理领域的专家认为在市管县的体制中，"市刮县""市挤县""市卡县"现象普遍存在，市一级在不少人心目中被认为是多余的。比较有代表性的是，世界经济合作与发展组织在《中国公共支出面临的挑战：通往更有效与公平之路》中提出中国的财政层级过多，地市级存在的必要性值得怀疑。类似的主张在国内成为主流，政府层级扁平化、构建三级政府的声音一浪高过一浪。

② 与原省辖市"不再是一家人"的感觉，是本课题组在调研过程中县级各局委反映的一个重要问题。

层次上看，经济活动无不呈现集聚的态势。1980 年，美、加、墨 GDP 占全球比重的 27%，欧洲 15 国 GDP 占全球比重的 29%，东亚 GDP 占全球比重的 14%；2000 年，美、加、墨 GDP 占全球比重的 35%，欧洲 15 国 GDP 占全球比重的 25%，东亚 GDP 占全球比重的 23%（Fujita、Mori，2005）。一个国家内部经济活动也呈现了集聚的特征。例如，法国的巴黎大区占全国总面积的 2.2%，却集聚了全国 18.9% 的人口和 30% 的 GDP。韩国汉城（今首尔）地区占全国土地面积的 11.8%，却拥有全国 45.3% 的人口和全国 46.2% 的 GDP（藤田昌久等，2004）。越是富裕的国家，经济越集聚，集聚规模越大（世界银行，2009）。2007 年，国际复兴开发银行公布了世界不同收入水平国家的人口集聚规模数据：低收入国家 73% 的人口居住在 2 万人以下的小规模居住区，16% 的人口居住在 2 万 ~ 100 万人的中等规模居住区，11% 的人口居住在 100 万人以上的大规模居住区；中等收入国家不同规模居住区的人口比例分别为 55%、25%、20%；高收入国家不同规模居住区的人口比例分别为 22%、26%、52%。

然而，最引人注目的经济集聚现象是与产业革命几乎同时开始的城市化。[①] 在欧洲（除俄罗斯外），城市人口的比例

---

① 在城市层面对集聚现象进行研究时，把生产活动的测量精确到该空间尺度上并非易事，主要原因在于行政区划意义上的城市边界往往与经济意义上的城市边界不一致。由于在地方层次上通常难以得到系统的产出和投入数据，在对比不同国家地方层次上经济集聚程度时，人们常常用人口密度代替经济密度，以人口集聚规模代替经济集聚规模。

在 1300 年约为 10%，到了 1800 年约为 12%。然而这一比例在 1850 年约为 20%，1900 年为 38%，1950 年为 52%，1985 年则接近 75%（Bairoch，1985）。当今发展中国家的城市化基本沿着发达国家的城市化路径进行，区别仅在于人口涌入城市的规模和速度。1985～2005 年，发展中国家城市人口增长的平均数为 4000 万人/年，这几乎是当今欧洲和北美洲高收入国家 1880～1900 年城市人口增长量的 3 倍（世界银行，2009）。

在中国，东部地区以不到全国 10% 的国土面积，集聚了全国 51.3% 的生产活动，全国 288 个地级及以上城市更是以不足全国 7% 的国土面积集聚了全国 61.97% 的生产活动。1996 年以来，全国除辽宁城市经济比重略有下降外，其他省份城市经济比重都在上升。全国城市经济比重则由 39.62% 上升到 2011 年的 61.97%。

是什么原因导致经济活动在空间上呈现了这样一种规律呢？近 30 多年来，区域经济学和城市经济学领域最大的进展就是提出了对此种现象进行解释的空间经济学。[①] 空间经济学的理论可分为大地理空间范围经济集聚理论和小地理空间范围经济集聚理论。

因此，无论是国内外经济活动的事实，还是集聚现象研究的相关理论，无不向我们表明了随着经济的发展，经济活动空间上的一般规律是集聚。从长期来看，经济活动在地理

---

① 国内很多学者把空间经济学称为新经济地理学。其与区域经济学（区位论）及经济地理学最大的区别在于研究方法不同。

空间上是不可能均衡发展的，认为"市刮县""市挤县""市卡县"是导致县域经济发展特别是农村地区经济发展相对滞后的主要原因的观点是难以站得住脚的。此外，经济活动在地理空间上还有一个明显的特征，即毗邻效应——距离经济集聚区越近的区域，其经济发展速度越快，也越容易从经济集聚区的溢出效应中受益。而使毗邻效应发挥作用最重要的措施，是消除空间距离导致的交易成本以外的其他影响因素。

二 河南省当前经济空间结构特征

从表2-1、图2-1可以看出，2011年，河南省城市经济占全省经济的比重为29.48%，而且自1996年以来，河南省城市经济占比并没有像全国整体一样出现大幅度提升，而是基本维持在30%左右，即河南省经济活动主要分布在县级以下区域。① 与河南省类似的省份还有河北省。

表2-1 中国各省份1996年、2011年城市经济比重变化情况

单位：%

省份	1996年	2011年	省份	1996年	2011年	省份	1996年	2011年
北京	54.81	98.54	山西	40.19	40.90	内蒙古	29.05	47.41
天津	77.85	92.76	安徽	29.63	52.73	广西	27.29	49.64
河北	30.16	33.52	江西	28.73	40.76	四川	35.90	48.69
江苏	29.44	52.57	河南	26.94	29.48	贵州	26.45	34.54
浙江	35.68	46.66	湖北	41.27	54.26	云南	26.62	36.12
福建	34.06	44.67	湖南	32.43	45.38	陕西	45.87	46.09

① 这里的城市指地级及以上城市市辖区。有些省份城市经济比重低主要是因为其地级市数量少。例如，新疆仅有2个地级市，其余为地区、自治州。

省份	1996 年	2011 年	省份	1996 年	2011 年	省份	1996 年	2011 年
山东	40.49	46.27	重庆	42.37	77.40	甘肃	44.10	54.76
广东	55.89	85.71	辽宁	70.30	68.81	青海	25.12	31.89
海南	30.85	39.52	吉林	46.11	54.33	宁夏	40.03	53.59
上海	80.41	98.83	黑龙江	47.62	67.60	新疆	29.16	37.48

注：各省份城市经济比重 = 各城市年鉴提供的城市市区 GDP/《中国统计年鉴》提供的各省份 GDP。四川和重庆为 1997 年数据，港澳台地区及西藏未被纳入统计范畴。

资料来源：历年《中国城市统计年鉴》。

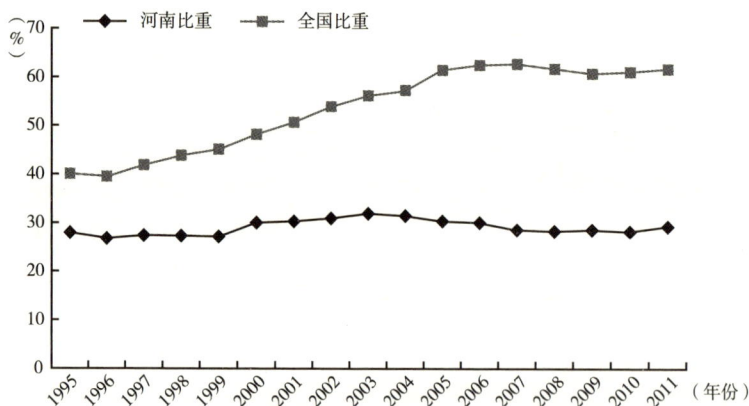

图 2 - 1   河南省及全国地级及以上城市 GDP 占比

资料来源：1995～2005 年数据由笔者根据历年《中国城市统计年鉴》计算得出；2006～2011 年数据来自历年《中国统计年鉴》和《河南统计年鉴》。

是什么原因导致河南省经济活动的空间特征异于全国呢？空间经济学理论和大量实证研究无不表明：外部经济往往在特定产业或产业之间发生，而外部不经济则往往由整体城市规模的增大而产生。这种不对称会产生两种影响：一是当城市规模带来的外部不经济超过了某类产业集聚带来的外部经济时，这类产业会退出该城市，而这类产业集聚所带来的外部经济取决于该产业内部规模报酬以及这类产业与城市其他产业间的外部性；二是不同行业的外部经济差别很大，一些技术成熟产业间的溢出效应有限，而另外一些产业则溢出效应很强，如金融业、高新技术产业等。国外一些学者基于不同国家不同产业的数据发现，成熟的产业或已经实现标准化生产的产业，其技术外溢效应小于创新性或高科技产业；技术外溢效应显著的产业（创新性产业、高科技产业或生产非标准化产品的产业）会向多元化的大城市集聚，而技术外溢效应较小的产业（成熟产业或生产标准化产品的产业）则更多地分布在较小的专业化城镇或农村地区。

梳理河南省的制造业产业结构不难发现：当前河南省制造业以非金属矿物制品业、农副食品加工业、有色金属冶炼及压延加工业等为主。上述三个产业产值占河南制造业产值的比重为35.57%，其中，非金属矿物制品业以水泥、石灰和石膏、砖瓦、石材等建筑材料制造以及耐火材料制品制造为主，工艺已经非常成熟，难有集聚带来的技术溢出。农副食品加工业以谷物磨制、饲料加工、植物油加工、屠宰及肉类加工等为主，也难有集聚带来的技术溢出。因此，导致河南省当前经济活动主要分布于县级以下区域的主要原因是其产业结构。从三次产业结构上看，河南省第二产业比重超过

56%，第三产业比重仅为31%，而当前第二产业中的主导产业外部性均不强，这造成了河南经济活动主要分布在县级以下区域。

但是我们一定要注意外部性不强的产业，其产品附加值通常不高，当此类产业在一个区域发展到一定阶段时，产业结构如不进行调整，区域经济发展将面临后劲不足的尴尬局面。此外，第三产业和第二产业经济活动在空间上最大的不同在于：第二产业可以实现生产地点和销售地点的分离，而大多数第三产业的经济活动则必须"面对面"完成。第三产业更严格地遵循了亚当·斯密的论断：有些业务，哪怕是最普通的业务，也只能在大都市经营，第三产业发展更依赖经济集聚。从我国乡镇企业产业结构中也可以得出该结论，乡镇企业中第二产业增加值比重一直在75%以上，第三产业增加值比重则维持在20%左右，尽管第三产业乡镇企业数占乡镇企业总数的66%左右。长期以来，河南省第三产业对本省经济增长贡献度不高，与河南省经济活动主要分布在县级以下区域有密切关系。

第三节　经验和启示

一　国外行政层级设置经验借鉴

第一，无论是单一制国家还是联邦制国家，包括中央政府在内的行政层级皆不超过四级。单一制国家政府行政层级一般多于联邦制国家。当前我国包括中央政府在内，多数省份的行政层级为五级。单从行政层级的角度来说，较多的行政层级必然导致行政效率一定程度的损失。课题组在对永城、滑县和巩义三个直管县（市）的实地调研中获悉，各县（市）干部普遍反映省直管县后行政效率有较大提升。因此，减少政府行政层级是国家治理体系和治理能力现代化的方向。

第二，上文涉及的五国均以法律形式明确各级政府职责，各级政府事权与财权匹配，地方自治特征突出。以法律形式明确各级政府职责，政府行为以"法无授权不可为"为原则，是一个国家法治建设的重要环节和保障，也是解决当前我国政府管理中普遍存在"错位""越位""缺位"问题的根本举措。此外，随着经济社会的发展，公共事务逐渐增多，在五国中，法国、日本等原本高度中央集权的单一制国家在地方事务治理上也表现了明显的地方自治倾向。

第三，在协调区域间公共事务时，各级政府间通常以协商方式合作，争取双方利益最大化。以协商方式处理区域间公共事务，是一个国家和地区资源配置市场化的表现，也是帕累托改进的具体体现。此种方式与一个地区或一部分人的发展以牺牲另一个地区或另一部分人的权益为代价的发展模式相比，无疑更有利于建设和谐社会。

二 经济活动空间规律与行政层级改革

一个国家或地区最终呈现的经济空间结构，是该国家或地区生产要素在各种约束条件下空间配置上追求效率的结果。正如《世界银行发展报告（2009）》所指出的那样：越是富裕的国家，经济越集聚，集聚规模越大。这一点即使以中国的数据来看也毫不例外。经济集聚必然意味着经济发展在各区域间不均衡。以美国为例，美国各州生产总值的基尼系数为 0.53，各州人口的基尼系数为 0.54，美国各州经济的收敛并非来源于经济活动的分散，而是源于人口大规模向经济集聚区域流动。我国当前的区域、城乡差距拉大，一定程度上是因为在经济集聚过程中存在制度性障碍，人口未能随经济集聚进行合理流动。我国东部地区 GDP 占全国的比重为51.3%，其常住人口仅占全国总人口的 38.2%，288 个地级及以上城市 GDP 占全国的比重高达 61.97%，而这些城市常住人口占全国总人口的比重仅为 29.54%。

具体到河南省，数据显示，河南省经济活动主要分布在县级以下区域。这表明经济活动向城市集聚并非主要源于"市刮县""市挤县""市卡县"，通过"省直管县"促进县域经济达到城市经济发展水平和规模也是难以实现的，而且存在空间上要素配置扭曲、降低要素使用效率的风险。另外，我们应注意到河南省此种经济空间结构对河南省经济发展带来的影响，主要体现在两个方面：第一，第三产业对河南省经济增长贡献度不高与河南省经济活动主要分布在县级以下区域有密切关系。第二，河南省城市规模较全国平均水平低。[①] 课题组在永城、滑县、巩义三个直管县（市）的调研中发现，省直管县会给直管县（市）与原省辖市之间的工作业务带来一定的不便，如在道路规划等方面，省辖市倾向于把直管县（市）排除在外，而这显然不利于区域经济一体化。

现代社会发展的过程中存在着两种看起来相互矛盾、实则相互补充的趋势：一种是独立的趋势；另一种是协作和一体化的趋势。独立的趋势源于各个主体面对千变万化的外部环境，必须做出独立判断。协作和一体化的趋势源于市场经济条件下各个主体之间、各个区域单元之间联系日益密切，只有协作才能实现资源共享、优势互补，从而提升效率、共同受益。省直管县的体制改革要顺应两种趋势的要求，大体来说，现有省辖中心城市周边的县级单元，最终会被纳入城市一体化进程，有些在适当时候会内化为城市的区级单元。远离现有省辖中心市的县级单元，最终会通过省直管县体制，成为独立的区域经济中心，甚至会成为独立的省辖中心城市。

因此，省直管县试点的目的不在于创造一个市县并立的

---

① 普遍偏低主要体现在两个方面：（1）本研究分别计算了各省份规模最大城市 GDP 占各省份的比重，剔除 4 个直辖市和西藏，26 个省份规模最大城市占本省份经济比重的平均水平为 19.89%，而郑州占河南省 GDP 的比重仅为 8.52%。（2）王小鲁和夏小林（1999）、王小鲁（2010）、Au 和 Henderson（2006）基于中国城市数据的经验研究，均指出当前中国一个城市的规模处于 200 万 ~ 400 万人时，其规模净收益最高，而规模小于 10 万人的城市很难发现其存在规模收益。

两级地方区域行政管理架构，不是要把试点县（市）变成所有县域体制演变的标杆，不可能让所有县域复制，而是要培育新的公共资源共享中心，培育新的区域经济增长中心，培育新的中心城市。所以，省直管县注定只能波及部分甚至是一小部分县域，大部分县域仍会留在现有市管县的体系架构内，有的会逐步内化为市辖区，有的则可能长时间以传统县域的形态存在。

（执笔：刘涛）

参考文献

Chun-Chung Au and Henderson, J., "Are Chinese Cities too Small?" *Review of Economic Studies* 3 (2006).

傅小随：《地区发展竞争背景下的地方行政管理体制改革》，《管理世界》2003 年第 2 期。

《刘尚希：省直管县改革要唯实》，http：//www. mof. gov. cn/zhengwuxinxi/diaochayanjiu/201411/t20141115_ 1158529. html，2014 年 11 月。

〔日〕腾田昌久、〔比〕雅克·弗朗科斯·蒂斯：《集聚经济学：城市、产业区位与区域增长》，刘峰等译，西南财经政法大学出版社，2004。

世界银行：《2009 年世界发展报告：重塑世界经济地理》，胡光宇等译，清华大学出版社，2009。

王小鲁、夏小林：《优化城市规模　推动经济增长》，《经济研究》1999 年第 9 期。

王小鲁：《中国城市化路径与城市规模的经济学分析》，《经济研究》2010 年第 10 期。

第三章 河南省省直管县财政
管理体制问题研究

第一节 对我国省直管县财政管理
体制改革的考察

省直管县财政管理体制改革的探索从 1992 年起在全国 13 个省份陆续试点。截至 2004 年，浙江、安徽、湖北、黑龙江、福建、海南、宁夏实行了省直管县财政管理体制。河北、山西、江西、河南、云南从 2005 年开始对部分县（市）试行省直管县财政管理体制。2006 年底，全国已有 14 个省份实行了省直管县财政管理体制。2010 年，中央编办确定安徽、河北、河南、湖北、江苏、黑龙江、宁夏、云南 8 个省份的 30 个县（市）进行省直管县财政管理体制改革试点，计划用 3 年左右的时间完成试点，为进一步推进地方行政体制改革积累经验。省直管县财政管理体制改革试点开始向综合性省直管县体制改革推进。

一 省直管县财政管理体制的政策目标

2005 年，全国财政工作会议要求完善省以下财政管理体制，试行省级直接对县级的管理。党的十六届五中全会在《中共中央关于制定国民经济和社会发展第十一个五年规划的建议》中指出，要"理顺省级以下财政管理体制，有条件的地方可实行省级直接对县的管理体制"。十七届三中全会强调，要推进省直接管理县（市）财政体制改革，有条件的地方可依法探索省直接管理县（市）的体制。2009 年 2 月 1 日，中共中央、国务院发布了《关于 2009 年促进农业稳定发展农民持续增收的若干意见》，明确提出要推进省直接管理县（市）财政体制改革，稳步推进扩权强县改革试点，鼓励有条件的省份率先减少行政层次，依法探索省直接管理县（市）的体制。2009 年 7 月 9 日，财政部公布了《关于推进省直接管理县财政改革的意见》。如果说此前关于省直管县财政管理体制改革的具体内容和目标还是模糊的话，那么《关于推进省直接管理县财政改革的意见》的公布，使这项改革有了基本的时间表，更重要的是有了明确的目标。《关于推进省直接管理县财政改革的意见》的主要内容如下。

（1）收支划分。理顺省与市、县支出责任，确定市、县财政各自的支出范围，划分省与市、县的收入范围。

（2）转移支付。转移支付、税收返还、所得税返还等由省直接核定并补助到市、县；专项拨款补助，由各市、县直接向省级财政等有关部门申请，由省级财政部门直接下达市、县。市级财政可通过省级财政继续对县给予转移支付。

（3）财政预决算。市、县统一按照省级财政部门有关要求，各自编制本级财政收支预算和年终决算。市级财政部门要按规定汇总市本级、所属各区及有关县份的预算，并报市人大常委会备案。

（4）资金往来。建立省与市、县之间的财政资金直接往来关系，取消市与县之间日常的资金往来关系。省级财政直接确定各市、县的资金留解比例。各市、县金库按规定直接向省级金库报解财政库款。

（5）财政结算。年终各类结算事项一律由省级财政与各市、县级财政直接办理，市、县之间如有结算事项，必须通过省级财政办理。各市、县举借国际金融组织贷款、外国政府贷款、国债转贷资金等，直接向省级财政部门申请转贷及承诺偿还，未能按规定偿还的由省级财政直接对市、县进行扣款。

二 省直管县财政管理体制改革要解决的问题

（一）改革的直接动因是县财力不足

我国现有财政分级为中央、省、市、县、乡五级，它是1983年以来逐渐形成的。这一模式曾经在一定程度上发挥了城乡合治、以市带县的功能。但随着县域经济的发展，现行财政管理体制对县域经济发展的制约作用也日益显现。由于各财政层级间"事权重心下移、财权重心上移",我国基层财政尤其是县、乡财政困难问题进一步凸显。有效地促进县、乡经济发展,理顺省级以下财政体制,缓解县、乡财政困难,成为社会各界关注的焦点。

(二) 改革的目的是通过减少财政层级解决基层财政困难

导致我国基层财政困难的一个重要原因是财政层级过多。在按照事权和财权相统一的原则推进分税制改革过程中,地方政府层级过多、部门利益协调不均等造成了各级政府职责模糊和交叉、事权和财权不协调,使基层财政陷入"无税可分、无利可享"的境地。实施省直管县财政管理体制改革,有助于解决财政分权分层框架构建和地方政府层次设置带来的问题,提高财政管理体制的统筹协调水平和整体运行效率。国际经验表明,较普遍的财政分税分级安排是不超过三级的。当前我国加快推进包括"省直管县"和"乡财县管"在内的财政管理体制改革,正体现了政府简化财政层级的意图。从长远看,塑造符合市场经济规律的中央-省-市县三级分税分级财政管理体制和中央、省两级自上而下的转移支付体制,是促使我国各级政府事权清晰合理、基层财政真正解困、现行政府间财政分配关系完善的根本之路。

我国对财政层级是分税制内涵性问题的探讨,起源于学界对基层财政问题成因及对策的分析。贾康、白景明(2002)发表了《县乡财政解困与财政体制创新》一文,在分析县乡财政困难的成因时最早认为，"在我国以一个'地方政府'概念囊括省以下四级政府的特殊情况下，这些税种该怎么切分？不论怎样设计，看来都无法把'分税种形成不同层级政府收入'的分税制基本规定性，贯彻到一个五级政府的架构内去。换言之，这一架构使分税制在收入划分方面得不到最低限度的可行性"。因此，他们认为，"如果能把政府缩到实三级加两个半级（地市和乡作为派出机构层级），就非常接近市场经济国家的通常情况了，这种情况下的分税分级体制和现在省以下理不清的体制难题，就有望得到一个相对好处理的方案"。自此以后，构建三级财政层级框架成为完善分税制探讨的热点问题之一，在"乡财县管"的基础上，通过"省直管县"的方式构建三级财政层级，成为理论界和财政管理实践的热点问题。

（三）"强县战略"是配合中国城乡一体化战略的需要

促进县域经济的发展，是缓解县级财政难的根本举措。在原有的市管县体制下，一些地区不仅没有实现"以城带乡""城乡互补"的体制设计初衷，而且使城乡二元社会的分割日益严重。在这样的背景下，县域经济还不能成为实现经济跨越式发展的支撑点和主战场。制约县域经济发展的主要体制性障碍是权力下放不够，县域自主发展空间太小，缺乏活力。因此，调整省级以下财政管理体制，突破市管县体制在发展空间上对县域的束缚，从外部对县域经济注入新的发展活力，是一种现实而必然的选择。

三 各地省直管县财政管理体制试点的做法

（一）浙江省①

1992～2006 年，浙江省先后四次出台政策，扩大经济强县的财政、经济管理和社会事务管理范围。最广为人知的例子是 2006 年，浙江省将 131 项原先属于金华市的管理权限、472 项省级部门的经济社会管理权限以多种形式下放给义乌市，义乌市被媒体誉为"全国权力最大县"。浙江省试点的主要内容是下放经济管理权，省对县的财政进行直管，实行省县二级财政体制，但仍维持市对县的行政领导地位。

1. 独特原因

一是特殊省情。浙江省陆域面积较小，省级政府的行政权力覆盖范围较大，每个市所辖的县（市、区）不太多。二是县域经济发展的需要。新中国成立以来，国家对浙江省的投资较少，县域经济规模很小，市域经济总量也不大。因此实行"强县扩权"发展县域经济，从某种意义上讲是不得已而为之的选择。

2. 特点

一是保证省财力。浙江省财政从 1994 年起集中了市、县（市）财力增量的"两个 20%"，即地方财政收入增收额的 20% 和税收返还增加额的 20%，但对少数贫困县和海岛县适

① 孟元新：《我国"省直管县"财政管理体制改革观察》，http：//www.world-china. org/newsdetail. asp? newsid = 2714，2009 年 9 月。

当照顾。

二是实施"抓两头，带中间，分类指导"的管理方法。"抓两头"，即抓经济发达县一头和欠发达县及贫困县一头。"带中间"，即带动介于二者的少数较发达县发展。"分类指导"，即对发达县和较发达县、欠发达县和贫困县两类县采取不同的工作方法，实行不同的财政政策。

三是市、县（市）财政与地税部门合署办公。国税机构单独分设并实行垂直领导，而财政与地税保留一个党组、两套班子、两块牌子，各市、县（市）财政局局长仍兼任地税局局长。

四是适当处理省与市、县（市）的利益关系，采取"两保两挂"和"两保一挂"政策。"两保两挂"就是对30个市、县（市）在"确保实现当年财政收支平衡、确保完成政府职责任务"的前提下，实行省补助和奖励与其地方财政收入增加额挂钩的办法，具体为：市、县（市）地方财政收入增长，省补助也相应增长，补助基数为原"两保两挂"财政政策计算的2002年剔除财力性专项增列的补助数。"两保一挂"就是对33个"两保一挂"市、县（市）在"确保实现当年财政收支平衡、确保完成政府职责任务"的前提下，实行省奖励与其地方财政收入增加额挂钩的办法，具体为：对市、县（市）按地方财政收入比上年（环比）增加额的一定比例实行奖励。省奖励分为发展资金和个人奖励两部分。浙江省对杭州、温州、嘉兴、湖州、绍兴、台州6市按其财政收入增加额挂钩计算，挂钩比例为增加额的 5%，其中，4.5% 作为发展资金，0.5% 作为个人奖励。浙江省对 27 个县（市）按其财政收入增加额挂钩计算，挂钩比例为增加额的 5%，其中，4% 作为发展资金，1% 作为个人奖励。

（二） 湖北省①

从 2004 年起，湖北省所有的市、县（市）财政管理体制统一按省直管县财政管理体制执行，市不再新增集中县（市）财力。湖北省实行省直管县财政管理体制改革的内容主要包括以下五个方面。

（1）预算管理体制。暂不调整财政收支范围，但对不符合支持县域经济发展要求的市、县（市）收支范围划分，省财政予以规范和调整，即以 2003 年财政数据为基数，保障市、县（市）双方既得利益，由省直接计算到市、县（市）。

（2）各项转移支付及专项补助资金。省对各项转移支付补助按照规范的办法直接分配到县（市）。省财政的专项补助资金由财政厅会同省有关部门直接分配到县（市），同时抄送市级财政及有关部门。

（3）财政结算。每年年终，省财政按照财政体制和有关政策规定，将结算表格及相关结算对账数据直接下达到县（市），直接与县（市）财政结算。

（4）收入报解及资金调度。各市、县（市）国库根据财

---

① 《实行省管县（市）财政体制　促进县域经济社会协调发展》，http://www.crifs.org.cn/crifs/html/default/_ history/307.html，2005 年 9 月。

政体制规定，直接对中央、省报解财政收入。同时，省财政直接确定各县（市）的资金留解比例，在资金调度上由省财政直接拨付到县（市）。

（5）债务举借和偿还。从 2004 年起，各市、县（市）经批准举借的债务，分别由市、县（市）财政直接向省财政办理有关手续并承诺偿还。

（三）江苏省①

根据 2007 年 3 月 26 日江苏省人民政府《关于实行省直管县财政管理体制改革的通知》，其省直管县财政管理体制改革的内容包括以下几个方面。

（1）调整财政体制关系

明确省直管县财政管理体制范围。原实行省直接对市的财政管理体制不变；原市辖区及由县（市）成建制改成的区纳入市财政直接管理；原由市财政直接管理的县（市），改为实行省直管县（市）的财政管理体制，省财政直管 13 个市和 52 个县（市）。

统一收支划分。除省级收入外，市级与县（市）级财政收入，按收入属地原则统一划分。根据"一级政府、一级财政、一级事权"的要求，明确市级与县（市）级财政支出责任。对市级与县（市）级财政收支划分不符合要求的，由省级财政予以调整。

---

① 骆祖春：《省直管县财政体制改革的成效、问题和对策研究》，《经济体制改革》2010 年第 3 期。

确定划转基数。改革前各市对所属县（市）的财政体制性集中和财力补助、专项补助等基数，以 2005 年为基期年，经市和县（市）共同确认后，按省财政厅要求办理划转。各项税收返还数等按实际计算确定。

（2）改革财政预决算制度

取消市与县（市）之间的现行预决算制度，建立省与市、省与县（市）之间的财政预决算制度，即各自确定收支预算、统一直接办理结算、直接报送财政报表。各县（市）有关财政统计报表同时抄送所在市财政局。

（3）改革财政往来管理制度

取消市与县（市）之间的财政往来制度，建立省与市、省与县（市）之间的财政往来制度。一是直接报解财政收入。各市、县（市）财政收入金库留解比例由省财政厅直接确定。二是直接下达专项资金。市原对县（市）财政专项补助通过省财政下达到县（市）。三是直接办理资金调度。市、县（市）之间原财政债权债务，经双方清理确认后报省财政厅备案。

（4）严格分配制度

省级在对县（市）安排项目资金或出台政策时，一般不要求市级配套；市对县（市）不能随意开减收增支的政策口子，或要求县级配套资金。各市对县（市）出台增加支出政策时要相应安排补助资金。

（5）充分发挥省级财政调节作用

兼顾由经济薄弱县（市）成建制改成的区，逐步提高经济相对薄弱县乡基本公共服务保障能力，推进县域间基本公共服务均等化，促进区域协调发展。适当保留市财政对县（市）财政的监督指导等职能，继续发挥市级财政支持县域发展的作用。

（四）湖南省[①]

1. 改革的内容

改革内容主要分为"收入分享"和"省直管县"两个部分。"收入分享"改革主要是"两分两调两放"。"两分"指省与市（州）、县（市）分享增值税和营业税。将增值税地方25%部分改为省与市（州）、县（市）共享。除湖南中烟公司和华菱集团的增值税继续作为省级收入外，其他原属省级的电力、石油、冶金、有色行业的增值税，与原属市（州）、县（市）的增值税地方部分一起，实行省与市（州）、县（市）按25∶75的比例分享。将营业税改为省与市（州）、县（市）共享，除高速公路和铁路建安营业税及属省级的铁路运营营业税继续作为省级收入外，其他原属省级的重点工程营业税、金融保险营业税以及其他省属企业营业税，与原属市（州）、县（市）的营业税一起，实行省与市（州）、县（市）按25∶75的比例分享。"两调"是调整所得税分享范围。此次改革只将原属省级的省电力公司、省经济建设投资公司、财信控股等企业所得税地方40%部分

---

① 陈纪瑜等：《"省直管县"财政体制改革模式探讨——以湖南为例》，《财政与税务》2007年第1期。

下划到市（州）、县（市），省与市（州）、县（市）仍按30∶70的比例分享。调整资源税分享比例，资源税由省与市（州）按50∶50的比例分享调整为省与市（州）按25∶75的比例分享。"两放"即下放土地增值税和城镇土地使用税。将原来省与市（州）按50∶50分享的土地增值税和城镇土地使用税下放到市（州）、县（市），增量部分省财政不参与分享。

2. 改革的范围

省直管县改原来的省管市（州）、市（州）管县（市）财政管理体制为省管市（州）、省管县（市）的财政管理体制。除市辖区、湘西州所辖县份、长沙市所辖长沙县和望城县以外，其余县域全部被纳入省直管范围。改革后，市与县（市）在财政管理体制上相互独立，县（市）财政直接与省财政发生联系。

3. 有关配套政策

在实施上述改革的同时，湖南省制定了相应的配套措施，主要有：一是建立收入增长激励机制，对税收增长较快、贡献较大的优势地区给予挂钩奖励。二是加大对财政困难地区的支持力度，省财政因调整财政体制集中的收入增量，全部用于减免困难县（市）的财政体制上解和增加对财政困难地区的转移支付补助。三是调整省对市（州）、县（市）的"两税"返还比例，省财政不再按0.1的系数集中各地的"两税"返还。四是减轻市（州）财政配套压力。以2009年配套资金额为基数，以后除法律法规规定外，原则上不再要求设区市（州）承担新增对县（市）的资金配套任务。

四　财政省直管县与行政省直管县的关系探讨

（一）财政省直管县与行政管理体制之间存在冲突

尽管现行的市管县行政体制缺乏明确的宪法依据，但是它已成为我国政府架构的现实。这样的行政体制已经运行多年，形成了完备的制度体系和运行惯性。省直管县财政管理体制改革虽然事实上架空和肢解了市财政对所属县（市）财政的各项领导权和管理权，使市与县（市）之间在财政上相互独立，但是行政隶属关系并没有改变，县级政府可以在财政上越过市级政府，但在其他方面仍然在市级政府的领导和指导下，市级政府仍然可以用行政手段干预县级财政运行。

从直管县（市）的角度看，县级财政实行省直接管理后，财力都由省统一结算、拨付，但其他的行政事权，如规划、立项、编制、支出标准等仍归市管，这就必然形成县级政府既要向省级政府跑财力、项目、政策，又要向市级政府汇报工作、争取理解和支持，县级政府面对省、市两个"婆婆"。县级政府由改革前应付一个"婆婆"变成改革后应付两个"婆婆"，需要付出双倍的时间、精力和行政费用支出，使省直管县财政管理体制改革带来的经济效益在双重管理体制的摩擦中流失了很大一部分（石亚军、施正文，2010）。

因此，省直管县财政管理体制改革单兵突进，与行政管理体制的冲突很大。财政事务虽是政府综合事务，但它毕竟只是一级政府众多事务中的一项。财政省直管县不可避免地与行政管理体制上的市管县发生冲突。在众多经济管理和社会管理权限仍然归属市级政府的背景下，财政管理体制与行政管理体制的摩擦在所难免。如果行政管理体制调整与财政管理体制不一致，省直管县财政管理体制很可能因缺乏良好的行政环境而体现不出应有的效应。

（二）财政省直管县与行政省直管县之间紧密相连

我国财政管理体制改革始终是在高度集权的行政体制框架下进行的，这与客观上要求相对分权的财政管理体制改革目标是相矛盾的，且这一矛盾一直制约着我国财政管理体制改革的进程。在财政管理方面实行省直管县以后，处理好市与县之间的行政关系，可以说是事关省直管县财政管理体制协调、顺利运行的关键。行政管理体制与财政管理体制有非常密切的联系。从根本上说，财政管理体制是行政管理体制的组成部分，财政管理体制要遵循行政管理体制的原则。因此，没有行政的省直管县，真正意义上的财政省直管县便不能实现。

同时，目前省直管县财政管理体制改革也为省直管县行政管理体制改革做了铺垫、创造了条件。虽然在省直管县财政管理体制改革之前，中央就要求各级政府对县级政府实施扩权，但毕竟省级、市级政府还可以通过干部任免权和财政资金分配权控制县级政府。市管县行政管理体制暴露的弊端是强调了市一级的领导和中心地位，削弱了县级政府的自主权，在资金和资源方面向市级城市倾斜，相应减少了对农村基础设施和农村社会事业的投入，严重制约了县域经济的发展。省直管县财政管理体制改革虽然仅仅限于财政领域，但它是省直管县行政管理体制改革的重要先导步骤，为行政上的省直管县奠定了基础、创造了条件。

从国家预算的角度看，我国《预算法》规定："地方各级总预算由本级预算和汇总的下一级总预算组成；下一级只有本级预算的，下一级总预算即指下一级的本级预算。没有下一级预算的，总预算即指本级预算。"这意味着，如果不实行市县并立，地级市的总预算中将要涵盖县级预算，这与财政省直管县是相矛盾的。因此，要想真正实现财政省直管县，必须推行市县并立的行政省直管县改革。

（三）行政上省直管县对财政体制提出的新要求

目前，行政上的省直管县从根本上说是对原来行政管理体制进行调整，虽然有各方面复杂的问题需要处理，但行政管理体制本质上没有变化（只是由原来的"市管"变为"省管"）。因此，在现有财政管理体制架构下，需要在体制上进行如下调整。

其一，由"市管"变为"省管"，意味着原来省－市－县三级事权和财权关系发生了变化，特别是在事权关系上，省级政府协调半径增加意味着省级政府的事权范围应该更加侧重于全省性、均衡性、跨区域性和外溢性较强的事务，而一些具体的经济建设、社会发展等民生事务应该更多地由省级以下政府承担。

其二，财政直管后，特别是行政直管后，一方面，省辖市对应承担的配套资金不再安排；另一方面，资金配给比例仍坚持"三级负担"原则，会造成原来应由省辖市配套的部分项目资金安排落空，给扩权县的发展造成较大制约。因此，专项转移支付制度上"三级负担"原则改为"两级负担"原则是财政管理体制面临的问题，毕竟全国整体上还是以"三级负担"为主。

其三，随着行政直管改革的推进，在传统的三级财政管理体制下的财政监督管理方式会发生变化。在省县关系上如何构建新的、有效的财政监督管理机制，提高县级政府的资金使用效率，是一个新的问题。

第二节　河南省省直管县财政管理体制概况

一　河南省省直管县财政管理体制的主要内容

2004 年 5 月 22 日，河南省人民政府《关于扩大部分县（市）管理权限的意见》启动了省直管县财政管理体制改革。2009 年，河南省人民政府《关于完善省与市县财政体制的通知》对河南省省直管县财政管理体制做出了框架性规定，其基本内容包括以下几个方面。

（1）改革增值税分配政策。"市县增值税收入（地方留成部分）以 2008 年为基数，增量部分省级分成 20%，取消省下划郑州市增值税收入上解递增规定。"

（2）增加企业所得税市县留成。"市县企业所得税收入（地方留成部分）增量部分省级分成比例从 20% 调整为 15%。同时，将安阳钢铁集团和河南安彩集团（含上市公司）企业所得税地方留成部分下划安阳市，下划收入基数按 2006～2008 年三年平均数核定。"

（3）加大对资源类税收的调控。"市县资源税收入以 2008 年为基数，增量部分省级集中 30%；市县耕地占用税收入以 2007～2008 年两年加权平均数为基数（分年权重为 2007 年 1/3 和 2008 年 2/3），增量部分省级集中 20%。"

（4）调整非税收入分配政策。"市县罚没收入和行政性收费收入中的社会抚养费收入以 2008 年为基数，增量部分省级分别集中 20%。省级集中收入全部用于市县执法部门经费保障、人口和计划生育事业。"

（5）提高市县"两税"返还增长比例系数。"市县消费税和增值税税收返还增长与上划中央'两税'增长率的比例系数从 1∶0.15 提高到 1∶0.3。"

（6）建立市县基本财力保障机制。"按照 2008 年省对市县一般性转移支付测算情况，对存在基本支出缺口的县（市），缺口部分全部纳入县（市）补助基数；对省辖市本级财政困难比较突出的，按 2008 年补助额纳入补助基数，增强困难市县政府的统筹能力。逐步建立县级基本财力保障机制，核定县（市）保工资、保运转、保民生的基本支出需求，加大转移支付补助力度，鼓励县（市）加强收入征管，优化支出结构，逐步提高基本支出保障水平。"

（7）分类实施激励性财政政策。"2009～2012 年，对开封、南阳、商丘、周口、信阳、驻马店 6 个省辖市（含省直管县），省级分成市县营业税、企业所得税和个人所得税（以下简称'三税'）当年增量部分全额奖励市县，鼓励其加快发展；对其他省辖市（含省直管县），省级分成'三税'收入按当年增量的 60% 奖励市县，其中分成收入增量超过全省平均增幅部分全额奖励市县，鼓励其率先发展。"

（8）扩大省直管县改革试点范围。"增加兰考、宜阳、郏县、滑县、封丘、温县、范县、鄢陵、卢氏、唐河、夏邑、潢川、郸城、新蔡、正阳等 15 个县为省直管县。按照《河南省人民政府关于扩大部分县（市）管理权限的意见》（豫政〔2004〕32 号），赋予省直管县与省辖市相同的经济管理权限和部分社会管理权限，省财政在体制补助、税收返还、转移支付、财政结算、专项补助、资金调度等方面直接核定并监管到省直管县。"

（9）明确企业兼并重组财税政策。"因企业重组对省辖市之间和省与省辖市之间财税利益造成较大影响的，以重组前一年企业上缴的各项税收和附加为基数，按照'依法征收、按基数同比分享'的办法进行调整。探索异地投资、税收分享办法，鼓励地方国有及国有控股企业和集体企业合理布局，促进产业集聚。"

二　省直管县体制中收入划分与县域可支配财政收入构成

（一）省直管县财政体制中的收入划分

河南省与市县财政分成情况主要是：除增值税和所得税中央各分成75%和60%之外，省级主要对增值税地方留成（以2008年为基年）增量部分分成20%；企业所得税地方留成增量部分分成15%；个人所得税地方留成增量部分分成20%；营业税增量部分分成20%；资源税（以2008年为基年）增量部分分成30%；市县耕地占用税收入以2007～2008年两年加权平均数为基数（分年权重为2007年1/3和2008年2/3），增量部分省级集中20%；罚没收入和社会抚养费增量部分分成20%；提高市县"两税"返还增长比例系数。市县消费税和增值税税收返还增长与上划中央"两税"增长率的比例系数从1∶0.15调整到1∶0.3。

与此同时，河南省建立了市县基本财力保障机制：按照2008年省对市县一般性转移支付测算情况，对存在基本支出缺口的县（市），缺口部分全部纳入县（市）补助基数；对省辖市本级财政困难比较突出的，按2008年补助额纳入补助基数，增强困难市县政府的统筹能力。此外，河南省逐步建立了县级基本财力保障机制，核定县（市）保工资、保运转、保民生的基本支出需求，加大转移支付补助力度，鼓励县（市）加强收入征管，优化支出结构，逐步提高基本支出保障水平。

二　省直管县体制下县域财政可支配收入构成

县市可支配财政收入可以通过以下公式衡量。

可支配财政收入＝公共财政预算可支配收入＋政府性基金可支配收入

其中，

公共财政预算可支配收入＝公共财政预算收入＋上级补助收入＋上年结余＋调入资金－上解上级支出－调出资金

政府性基金可支配收入＝政府性基金收入＋上级补助收入＋上年结余＋调入资金－调出资金

公共财政预算收入包括各项税收留成收入和非税收入（专项收入、行政事业性收费收入、罚没收入、国有资本经营收入、国有资源有偿使用收入和其他收入）。政府性基金收入包括地方教育费附加收入、新增建设用地土地有偿使用费收入、地方水利建设基金收入、残疾人就业保障金收入、政府住房基金收入、城市公用事业附加收入、国有土地使用权出让金收入、国有土地收益基金收入、农业土地开发资金收入、彩票公益金收入、城市基础设施配套费收入、车辆通行费收入和其他各项政府性基金收入。

因为各地收入构成大类是一致的，所以我们以巩义市为例说明县域财政收入及上解情况。可支配财政收入构成与规模、收入上解情况、历年转移支付构成与规模分别如表3－1、表3－2、表3－3所示。

表3－1　巩义市可支配财政收入构成与规模

单位：万元

项目	2010 年	2011 年	2012 年	2013 年
公共财政预算收入	180916	223216	260515	300105
＋上级补助收入	56429	79462	88479	92078
返还性收入	22290	23187	23684	23436
一般性转移支付收入	34139	56275	64795	68642
＋上年结余	5241	－2276	－266	－5400
＋调入资金	1450	211	1032	11882
－上解上级支出	32261	27385	29305	34780
－调出资金	—	—	1746	1860
公共财政预算可支配收入	**211775**	**273228**	**318709**	**362025**
政府性基金收入	45221	77208	124004	102601
＋上级补助收入	3129	4457	4078	8521
＋上年结余	21698	23429	18419	22166
＋调入资金	—	110	1746	1860
－调出资金	—	—	—	4917
政府性基金可支配收入	**70048**	**105204**	**148247**	**130231**
可支配财政收入	**281823**	**378432**	**466956**	**492256**

资料来源：巩义市调研数据。

表 3 - 2 巩义市收入上解情况

单位：万元

项目	2010 年	2011 年	2012 年	2013 年
上解上级支出	32261	27385	29305	34780
一般性转移支付	16422	16787	17368	16575
体制上解支出	16022	16067	16022	16022
出口退税专项上解支出	400	720	1346	553
专项转移支付	15839	10598	11937	18205
专项上解支出	15839	10598	11937	18205

资料来源：巩义市调研数据。

表 3 - 3 巩义市转移支付构成与规模

单位：万元

项目	2010 年	2011 年	2012 年	2013 年
公共财政预算转移性支付收入规模	111369	135728	154959	150092
1. 返还性收入	22290	23223	23684	23436
增值税和消费税税收返还收入	14029	14962	14451	14162
所得税基数返还收入	6914	6914	6914	6914
成品油价格和税费改革税收返还收入	1347	1347	2319	2360
2. 一般性转移支付收入	34139	56275	64795	68642
均衡性转移支付补助收入	12996	19962	12303	12623
调整工资转移支付补助收入	9368	9368	9368	9368
农村税费改革补助收入	3196	3196	3196	3196
县级基本财力保障机制奖补资金收入	45	—	—	—
结算补助收入	—	39	4370	2619
成品油价格和税费改革转移支付补助收入	274	453	489	585

续表

项目	2010 年	2011 年	2012 年	2013 年
其他一般性转移支付收入	8260	23257	35069	40251
3. 专项转移支付收入	54940	56230	66480	58014
其中:政府性基金转移支付收入	3129	4457	4078	8521
郑州市转移支付收入	13656	15227	18412	17564

注:其他一般性转移支付收入通常情况下包括基层公检法司转移支付收入、义务教育等转移支付收入、基本养老保险和低保等转移支付收入、新型农村合作医疗等转移支付收入等。财政被省直管县后,从 2008 年起郑州市仍对巩义市进行转移支付,2008 年规模为 1631 万元,2009 年为 15246 万元。

资料来源:巩义市调研数据。

三 省直管县体制中的支出责任划分

从总体上看,省级政府与市县级政府之间的支出责任划分是不清楚的。我国《宪法》原则上对中央和地方政府职责范围做出了规定,但没有通过立法对各级政府的事权加以明确划分,造成实际上各级政府间支出责任范围并没有明显区别,除了如外交、国防等功能分类专属中央政府外,县级政府拥有的事权几乎全是上级政府的事权翻版,从而呈现了"上下对口、职责同构"的特征,以致支出范围的划分过于笼统,而且重复。省级与市县级政府之间的支出责任均包括一般公共服务、公共安全、教育、科学技术、文化体育与传媒、社会保障和就业、医疗卫生、环境保护、城乡社区事务、农林水事务、交通运输、资源勘探电力信息等事务、商业服务等事务、金融监管等事务、地震灾后恢复重建事务、国土资源气象等事务、住房保障、粮油物资储备管理事务、其他，以及政府性基金。巩义市 2010~2013 年财政支出构成与规模见表 3-4。

表 3-4 巩义市 2010~2013 年财政支出构成与规模

单位：万元

项目	2010 年	2011 年	2012 年	2013 年
公共财政预算支出合计	274991	336199	390589	431692
一般公共服务	26705	42990	63555	68478
公共安全	13576	14868	15949	18744
教育	48789	67834	81952	90683
科学技术	4509	5427	7843	8548
文化体育与传媒	12310	12733	13279	13665
社会保障和就业	21098	23182	33808	34954
医疗卫生	18704	28875	45042	69414
环境保护	10008	11198	11837	13311
城乡社区事务	24169	30450	32314	26303
农林水事务	26034	30281	43317	47951
交通运输	6253	8555	12513	11203
资源勘探电力信息等事务	12922	29480	11258	7006
商业服务等事务	8977	6532	3471	5546
金融监管等事务	222	1685	1233	62
地震灾后恢复重建事务	1585	—	—	—
国土资源气象等事务	5917	2162	2386	3943
住房保障	5696	6805	8649	8836
粮油物资储备管理事务	885	787	684	778
其他	26632	12355	1499	2267
政府性基金支出	46619	86785	126081	120778
财政支出合计	321610	422984	516670	552470

资料来源：巩义市调研数据。

第三节 河南省省直管县财政管理体制存在的问题

一 财政收入分配方面存在的问题

分级财政下财力分配通常是通过收入划分（分成）和转移支付进行的。从理论上看，一级政府的财力应该与其事权或支出责任相对等，唯此才能保持政府公共事务职能的正常运转。在支出责任没有按照分级财政管理的框架进行合理划分的前提下，财力分配的合理性便无从谈起。河南省人民政府《关于完善省与市县财政体制的通知》对省直管县财力分配进行了划分，这种划分是一般性的。因此，如果现有财政管理体制框架的财力分配存在问题，那么存在的问题也大多呈现一般性的特征。

（一）财政收入分配存在的总体性问题

1. 省与市县之间的税收分享体系不合理

河南省与市县之间的税收分享机制主要以增量为依据，虽然增量分成可以在一定程度上激发地方政府发展经济的积极性，但不可避免地存在以下两个问题：其一，对经济发展基础较好的地区而言，增量分成容易产生"鞭打快牛"的不合理现象，即地方经济发展越快，税收收入增长越快，上解规模越大。其二，不利于落后地区发展的可持续性。由于增量分成以 2008 年额度为基数，这就意味着，在落后地区基数较小的情况下，随着经济的发展，其增量会越来越大，其承担的上解规模将进一步增大。

2. 收入划分之间没有突破行政隶属关系

比如，在现行税收分配关系中，省级企业的增值税地方留成部分仍归省财政所有，省级企业所得税虽然存在下划市县的规定，但重点企业、特殊行业、跨省经营集中纳税企业的所得税仍归省级政府所有。这意味着，虽然河南省税收收入在划分上开始走分税制的路子，但按行政隶属关系分享的体制损害了分税制的本意，与"建立健全符合市场经济规律和责、权、利统一的税收分享制度"相违背。同时，按行政隶属关系划分也会不可避免地出现特殊纷争，比如，永城市和商丘市的税收争夺等。

3. 县域地方税体系不完善

从目前来看，市县财政固定收入只有车船税、土地增值税、城市维护建设税、烟叶税等，增值税、营业税、企业所得税、个人所得税、耕地占用税、资源税等由省与市县共享，这导致市县财政固定收入规模小、与经济发展直接关联性不强，在一定程度上挫伤了市县经济发展的积极性。

（二）财政收入分配存在的个别性问题

1. "税收贡献"与可支配财政收入差距问题

"税收贡献"通常是指一个地区实现的税收收入规模占全国税收收入规模的比重。在分税制框架下，税收收入要在不同级政府之间进行划分，因而，一个地区实现的税收收入与可支配财政收入之间往往存在差额，该差额往往被地方政府看成该级政府为本级以上政府所做的"税收贡献"。

一些直管县认为，该地区对本级以上政府做出的税收贡献大于自己的可支配财力，这种现象是不公平的。但是，其对该问题的看法一般是站在狭隘的地方本位主义立场上去看的，该问题不是省直管县财政管理体制存在的根本问题：其一，从不同级政府责任的角度来看，上级政府都会对该区域有一定的支出，比如，公共安全、市场秩序等方面的保障，因此，从支出和收入对等的角度上看，这个"税收贡献"是必需的。其二，这也符合国际惯例，在财政联邦主义框架中，联邦政府的收入来源主要是联邦税，而联邦税（如个人所得税）是各地方居民缴纳的，即各地方都要为中央政府做出"税收贡献"。其三，从各地"税收贡献"的使用状况来看，上级政府除了提供公共服务之外，还要承担公共服务均等化的责任，特定地区的"税收贡献"是政府均衡区域财力的主要保障。

2. 原地级市转移支付撤出后的财力"损失"问题

在民生方面，部分地级市还涉及其他领域的转移支出。比如，2004 年巩义市已经实现了财政省直管，即财政直接与省财政结算，已经没有与郑州市的财政上解关系，但从数据上看，郑州市从 2008 年起仍对巩义市进行转移支付，2008 年仅为 1631 万元，2009 年为 15246 万元，2010 年为 13656

万元，2011 年为 15277 万元，2012 年为 18412 万元，2013 年为 17564 万元。

3. 市县之间保留的税收收入分配关系问题

这一问题主要存在于商丘市和永城市之间。河南省人民政府《关于扩大部分县（市）管理权限的意见》规定，永城、巩义、邓州、项城、固始 5 个县（市）被赋予相当于省辖市的权限，包括计划直接上报、财政直接结算、经费直接划拨、项目直接审批、用地直接报批、证照直接发放、统计直接报送、政策直接享有、信息直接获得等，但永城市与商丘市之间的财政管理体制另行确定。后来，省财政厅就永城市与商丘市之间的财政收入分配问题下发了文件。文件中说，永城市区域内财政收入除中央和省级分成外，商丘市与永城市按下述办法划分：神火集团的企业所得税和神火集团、永城煤矿集团、裕东电厂的教育费附加全部作为商丘市收入；神火集团与裕东电厂增值税、营业税和裕东电厂企业所得税，商丘市与永城市按 7∶3 分成；永城煤矿集团增值税、营业税和河南神火煤电股份有限公司（上市公司）股息分红缴纳的个人所得税，商丘市与永城市按 5∶5 分成；除上述企业税收外，永城市区域内实现的其他收入（包括上述企业新设立的独资和合资企业产生的税费）全部按属地原则留归永城市。

这一分配关系的合理性在于：第一，利用固定比例的划分协调了永城市和商丘市之间长期存在的税源争抢矛盾；第二，这一比例分配原则既在一定程度上保证了永城市的利益，又照顾了商丘市的利益。商丘市经济总量的 50% 来源于永城市，其中主要来源于永城煤矿集团和神火集团，而商丘市对两大集团的建设和发展长期以来也给予了大量的政策和资金支持。

但是，这一分配关系也表现了不合理的一面，具体如下。

其一，从投资和受益的角度看，投资方一般按照其投入份额分享企业的税后利润，如果商丘市对以上企业有投资行为（商丘市人民政府国有资产监督管理委员会持有神火集团 100% 的股权，是神火股份的实际控制人），那么分享税后利润是合理的，但分享税收不存在理论依据。特别是省直管之后，商丘市财政在永城市域范围内不再有支出责任，因而，其财政收与支的对应关系已经不存在。

其二，从政府税收的角度考虑，税是政府对其治权范围内纳税人（自然人和法人）征收的，商丘市对永城市纳税人税收分享体现的是商丘市对永城市治权的侵害。即使考虑到政府间的财政关系，永城市治权范围内的税收与其上级政府分享具有合理性，但与其财政地位平等的商丘市之间分享则是不合理的。

其三，从税收征管的角度看，根据我国现行的《税收征收管理法》以及《营业税暂行条例》《资源税暂行条例》《企业所得税暂行条例》《增值税暂行条例》等，营业税、资源税、企业所得税、增值税等"应当向"所在地"主管税务机关申报纳税"。从这一角度看，河南省对商丘市与永城市之间的财政管理体制进行的"平衡与妥协"安排是违背税收征管相关法律的。

其四，从这一体制可能带来的经济影响上看，这一分配关系着眼于已有存量分配，会对地方政府行为产生影响，即地方政府只关心对自己收入贡献大的企业，而在一定程度上"冷落"与自己财政收入无关的企业。因而，"神火集团所属煤矿与地方发生纠纷时，永城当地政府的态度有些暧昧，而商丘市政府的态度则非常积极"这一现象便可以理解。据说，2005年，商丘市主要领导为了协调神火集团所属煤矿与地方的关系，往永城市跑了不下10次。由于上述企业新设立的独资和合资企业全部按属地原则留归永城市，对属地政府而言，重增量不重存量便会成为一种常态。财政管理体制所要关注的不仅仅是政府之间的财政关系，还包括政府与企业之间的关系。

二　财政支出责任划分问题

（一）支出责任方面存在的总体性问题

支出责任方面存在的问题是我国整体财政管理体制面临的问题，即各级政府之间的支出责任是不清晰的。就省与县而言，省与县级政府事权存在一定程度的"上下不清"的"错位"问题，具体表现如下。

一是上下级政府之间事权范围的划分随意性很大，一些事权在上划和下放中反复。在垂直体制下，上级的法律事权往往成为下级的当然事权，现实中上级通过考核、一票否决等程序将本级责任分解成了下级的责任，出现"上级请客、下级埋单"的状况。特别是一些部门法规对相关领域的支出做出相应同步增长规定，这样的硬性规定与《预算法》第三十七条"各级一般公共预算支出的编制，应当统筹兼顾，在保证基本公共服务合理需要的前提下，优先安排国家确定的重点支出"的规定存在矛盾，这样的冲突，在一定程度上增大了地方政府的支出压力。这和我们的调研结果是一致的，比如农业大县滑县在教育、科技、社会保障与就业、医疗卫生、农林水事务和住房保障等领域的支出占其当年公共财政总支出的比重，2010 年为 65%，2011 年为 69%，2012 年为 70%，2013 年为 68%；而工业较发达的巩义市的该比例（不含政府性基金支出）2012 年为 56%，2013 年为 60%。[①]

二是省政府集中了过多的基础建设和经济建设支出，而对农村的扶助支出主要落在县乡政府身上，基础教育、公共卫生、社会保障、环境保护、河流治理（特别是流域性河流治理）这类区域性外溢效应较强的公共产品支出也过多地由县级政府承担，计划生育任务被作为强制指标分配给县乡政府，直接增加了县乡政府的事权负担。

三是随着县财政与省财政直接结算，省财政集中的资金和以前相比有了较大幅度的提高，但是省级事权范围没有发生相应的变化，使事权和财权之间的不对等关系进一步凸显。

---

① 资料来源：滑县和巩义市调研数据。

（二）民生支出方面存在的过渡性问题

调研发现，涉及民生支出方面的过渡性问题主要表现在以下两个方面。

（1）直管前按照地级市标准进行支出（地市有相关配套资金支持），直管后原来的标准如何持续的问题。如果继续执行原标准，在没有原地级市补助的情况下，县（市）财政压力会增加；如果不执行原标准，按照目前县（市）财力确定新的标准（较低），虽然可以缓解其财政压力，但会与这些民生项目的待遇刚性发生冲突。这一问题集中在社会救济、优抚安置和社区建设等方面。比如，以巩义市为例，直管之前的义务兵家属优待金，河南省每人每年补助 1000 元，郑州市每人每年补助 2000 元，直管之后继续按照以往标准进行补助，将不可避免地增加巩义市的财政负担。

（2）企业养老保险方面的支出缺口问题。这一问题实际上和上一问题如出一辙。以滑县为例，省直管前，企业养老保险由安阳市统筹，资金发放缺口的 80% 由中央和省级政府弥补，剩余的由安阳市统筹解决。2014 年全面直管之后，全县养老金发放缺口预计为 1.2 亿元，原可由安阳市统筹解决的 2400 万元，加上当年企业养老保险费征缴缺口 4500 万元，须由滑县财政解决。①

三　财政转移支付模式问题

财政转移支付制度的设计目的是弥补纵向财政缺口和横

---

① 资料来源：滑县调研资料。

向财政缺口；主要通过一般性转移支付弥补由政府间分税导致的下级政府收支缺口；通过专项转移支付实现区域之间的公共服务均等化。但目前，在转移支付体系中，一般性转移支付和专项转移支付比重不协调。例如，现行的专项转移支付政策都要求地方按照标准配套，这样的要求无法适应地区间贫富不均的具体情况。各种配套政策扰乱了事权责任划分，形成了一些畸形政策。这些政策迫使地方明里暗里从下向上划拨财力，再以配套和转移支付形式拨付到基层，以解决资金不足、财力有限的问题。

河南省人民政府《关于完善省与市县财政体制的通知》确定要改进转移支付办法："市县税收收入和非税收入全额计入标准收入，鼓励市县优化收入结构。标准支出测算突出'以人为本'的原则，主要根据总人口、学生数、面积等客观因素和平均支出水平确定，并适当考虑支出成本差异。落实主体功能区规划，加大对禁止开发区和限制开发区的补助力度，推动基本公共服务均等化。同时，对省辖市撤县（市）改区，原享受的转移支付以上年为基数继续保留，2009～2012年纳入转移支付测算范围，支持中心城市发展，促进城市化进程。"

虽然转移支付制度改革的基本方向是增大一般性转移支付的比重、减小专项转移支付的比重，但从整体上看，目前直管县转移支付收入中专项转移支付所占比重依然较大，而且即使在一般性转移支付收入中，也存在专项性质的转移支付，比如"调整工资转移支付补助收入""化解债务补助收入""资源枯竭型城市转移支付补助收入""社会保障和就业转移支付收入""教育转移支付收入""公共安全转移支付收入"等。特别是，专项转移支付较高的配套比例在一定程度上增加了地方财政的压力，特别是对农业大县而言。以滑县专项转移支付所需配套资金规模为例，2009 年，上级下达滑县需县乡财政配套的项目有 43 项，配套金额达 9800 万元（占当年滑县财政收入的 39.4%）；2010 年为 45 项，配套金额为 12446 万元（占当年滑县财政收入的 41.5%）；2011 年为 34 项，配套金额为 11697 万元（占当年滑县财政收入的 30.8%）；2012 年为 55 项，配套金额为 20550 万元（占当年滑县财政收入的 42.5%）；2013 年为 53 项，配套金额为 14326 万元（占当年滑县财政收入的 22.6%）。[①] 高额的配套资金让农业大县财政不堪重负。

第四节　河南省省直管县财政管理体制改革的方向与路径

一　省直管县财政管理体制的目标讨论

地方财政管理体制是国家财政管理体制的重要组成部分，其核心是处理地方财政分配中各级政府之间、政府与企业之

---

① 资料来源：滑县调研资料。

间、政府与个人之间的经济利益关系。"财政是国家治理的基础和重要支柱",因此,国家财政管理体制问题要在国家治理框架内进行探讨,而地方财政管理体制问题则要放在地方治理框架内统筹考虑。

(一) 财政层级与政府治理

从财政管理体制的角度看,不管是"乡财县管",还是"省直管县",都试图通过绕开行政层级探索财政层级的扁平化问题,然而,根据我国财政管理体制运行的实际,"省直管县"的有效推行最终仍要依赖行政层级的调整。因此,脱离政府治理框架的财政层级问题本身就是个伪问题。中共十八届三中全会报告认为,"财政是国家治理的基础和重要支柱",因此,对财政层级问题,以及事权、财权问题的探讨,都要在国家治理框架内进行。

中央与地方之间的财政关系,与地方内部各层级之间的财政关系具有本质的不同,中央与地方之间的财政关系调整要着眼于国家治理结构,而地方内部财政关系调整要着眼于地方治理架构,不能同等看待。这意味着财政管理体制改革要分两个层面来进行:一是在国家层面,财政管理体制要与国家治理架构相适应,国家层面的财政管理体制改革仍要坚持分税制,这一点不能动摇,其基本框架依然适用于中央与地方之间行政分权的要求,激励相容,有利于调动地方的积极性。二是在地方层面,财政管理体制要与地方治理架构相匹配,不一定要照搬国家层面的分税制,可因地制宜。因为地方内部不具有同质性，在人口规模、区域面积、经济发展水平及发展条件等方面差异较大，分税制无法完全从国家层面贯穿到地方内部的各级政府。因此，地方财政体制管理完善要和地方政府治理结构优化结合起来。从目前来看，省直管县之所以存在诸多问题，从根本上看，是因为这种试点仅仅集中在财政层面，试图在不改变现有行政管理架构的基础上推进。从这个意义上讲，省级以下财政管理体制要推进分税制改革，必须伴随行政管理层级的调整，财政管理体制意义上的省直管县必须与行政管理架构的省直管县相结合（刘尚希，2013）。

（二）事权和支出责任划分依据的重新思考

事权和支出责任的划分要充分考虑国家治理架构的基本特征。从西方财政管理体制运行的基本架构看，分级财政管理体制运行比较成熟的国家一般与其国家治理结构上的地方自治紧密结合，这也是财政联邦主义理论内涵的基本条件。换句话说，与分级分税财政管理体制运转相关联的国家治理结构是分级地方自治。这在事权和支出责任上的表现就是各级政府都有独立的事权范围和支出责任，即中央的决策由中央政府出钱，地方的决策由地方政府出钱。

在我国，完善分税制财政管理体制框架必须与我国的国家治理结构结合起来考虑。我国是单一制国家，在地方系统中，村一级自治，乡级及以上不是自治。从中央和地方的关系上看，中央具有决策权，而地方通常只有执行权。我国的中央政府是世界上"最小的中央政府"，中央政府公务员人数占全国公务员人数的比重为 5% ~ 6%；在财政支出中，中央的比重只有 15%；中央政府在国防和外交以外的领域几乎没有执行能力，而只有决策能力。就地方政府职能而言，我国省级政府的职能主要表现在三个方面：一是把中央政府的指令和决策向下传递，并将地方执行情况向上反馈；二是执行中央指令和决策；三是在有限范围内使用决策权，但有限的决策权也要在中央政策体系范围内运用（徐全红。2013）。这就意味着中国的国家治理结构基本上呈现"中央决策、地方执行"的基本架构，这形成了我国独特的治理架构。因此，事权和支出责任的划分应该从如何完善"中央决策、地方执行"上入手。

据此，事权和支出责任划分改革的基本方向应当是决策权与执行权在中央、地方进行调整：在"中央决策、地方执行"的基本框架下，将中央部分决策权下移，尤其是一些行政审批权可以交给地方，以扩大地方决策的自主权；将地方的部分执行权上移，由中央直接履行，以减少地方过多的执行事项，从而减少地方支出责任。在地方内部，即省级以下政府之间也应进行同样的事权改革，分门别类、因地制宜，把一些决策权下移到市一级或县一级，同时把一些执行权上移到市一级或省一级。

（三）分税制下的省直管县改革的基本认识

从省直管县财政管理体制提出的背景上看，省直管县财政管理体制的提出是为了解决基层财政困难进而促进县域经济发展。

首先，从解决基层财政困难的角度看，通常认为，基层财政困难是我国分税制改革不完善造成的，即现行分税制仅仅在中央和省级政府之间推进，而在这两层政府之间实行分税制的结果就是中央政府集中了大部分税收收入，同时下放了事权，省级政府在确定省级以下财政管理体制的时候通常倾向于"模仿"中央政府的做法，集中省域范围内的财政收入，并下放事权，在五级政府架构下，每一级政府都倾向于这种"模仿"，最终导致了基层政府的财政困难。因此，推行省直管县财政管理体制将减少一层对县级的"盘剥"，可能会缓解基层财政困难。但是，省直管县财政管理体制更深的含义是，减少财政层级，使得我国有限的税种能够在中央、省、县（市）之间进行分配。如果财政层级减少，分税制得以在省级以下单位推行，各级政府之间通过固定的分税框架获取自己的财政收入，那么政府之间的"盘剥"关系便不复存在。但问题是，仅仅财政层级的减少不可避免地遇到了财政层级和行政层级之间的矛盾，在行政层级没有发生变化的情况下，上级政府和下级政府之间的财政关系就不可能理顺，基层政府面临的财政问题将继续存在。因而，要真正减少财政层级，必须改变现有的行政层级。

其次，从促进县域经济发展的角度看，推行省直管县确实调动了县域经济发展的积极性，推动了县域经济的发展和地方财力的增加。但县域经济发展的方式有很多，为什么选择省直管县的方式来推动？县域经济的发展从根本上看依赖政府和市场关系的合理处理。而分税制或者财政联邦主义的财政管理体制框架是理顺政府与市场关系的重要制度框架。从这个角度看，促进县域经济发展这一目标，从本质上讲仍然是想通过省直管县推动地方实行分税制。因此，这一问题就回到了上文对财政层级的讨论。

因此，推行省直管县财政管理体制从本质上讲就是为了通过减少财政层级为省级以下分税制的推行创造条件。而问题是，为了真正减少财政层级，还必须推行行政上的省直管县。从这个意义上讲，完善省直管县财政管理体制需要在行政直管的基础上按照分税制的框架来进行。

二 基于财力与支出责任相匹配的河南省财政支出责任划分

（一）支出责任调整的整体思路

如前文所述，在我国，完善分税制必须与我国的国家治理结构结合起来考虑。事权和支出责任划分改革的基本方向应当是决策权与执行权在中央、地方进行调整，将中央部分决策权下移，将地方的部分执行权上移。在地方内部，即省级以下政府之间也应进行同样的事权改革，分门别类、因地制宜，把一些决策权下移到市一级或县一级，同时把一些执行权上移到市一级或省一级。

（二）以全面省直管县为契机，调整政府之间的支出责任范围的原则

1. 合理划分事权，进一步明晰各级政府的职能重心

首先，在总体的事权划分上，明确省政府应主要负责全省性的或者跨区域的公共事务；省级以下地方政府主要负责本辖区范围内有关经济、社会发展的各项公共事务。现阶段，要优先明确义务教育、公共卫生、社会保障与就业等公共服务领域的事权划分及各级政府的分担比例。

其次，事权划分要尽量细致，可以采取"概括＋列举"的方式，尽可能地列举各级政府的全部事权，并且明确各级政府应承担的比例，并予以公布。

最后，各级政府事权的划分，不仅包括某项事权的整体归属及其在各级政府之间的责任分担，而且涉及该项事权的决策、管理、执行、支出和监督等具体职责分工。从省级政府和县级政府的职能分工来说，涉及事权决策与监督的职能应该适当向省级政府倾斜，支出责任应该适当上移，具体管理或执行要由较低级别政府负责。具体来说，省级政府作为较高层级政府，除具备一定决策和监督职能外，在某些公共服务方面也要履行管理和支出责任，市、县级政府的职能重点在于事权的执行和管理，以及公共服务的具体提供。

2. 充分发挥省级政府在统筹财力、协调区域发展方面承上启下的作用

目前，随着省直管县财政管理体制改革的全面推行，中

央、省、县三级的财政管理体制框架初步确立。财政层级的减少，为责任的明确提供了基础。在这一框架下，省级政府的作用进一步得以凸显。从中央和地方的关系看，省级政府作为地方政府，接受来自中央的转移支付，并将其中很大一部分予以下发，承担了履行部分中央职能的作用。同时，省级政府作为较高层级的地方政府，又担负着本区域内的决策、管理等宏观职能，同时对市县等基层政府的事权履行进行监督。省级政府财力强于市县级政府，比中央政府更接近服务对象，因此可以统筹平衡支出和管理责任，发挥承上启下的作用。这也就决定了省级政府同时担负了决策、管理、监督及部分公共服务经费的直接支出责任。

现阶段，省级政府的作用应该突出表现在以下三个方面：一是在弥补落后地区县级政府财力不足方面，省级政府要承担更多的责任。要明确在省对市县的转移支付中一般性转移支付所占比重和规模，优先保证县级政府一般性转移支付的资金需求，建立财力困难县的财政保底机制。二是要推进省内基本公共服务的均等化。省内公共服务不均等是区域发展不平衡的局部表现，省级政府要把注意力放在增强公共服务供给能力上，要在统筹考虑本地人口、自然条件、发展水平等因素下，加大对教育、医疗卫生、社会保障等公共服务领域的投入。三是要推进跨地区、跨流域性公共支出的协同性，提高公共支出效益，特别是重大河流治理、大气污染防治等适宜省级政府统筹管理的事项，应该归入省级事权范围。

（三） 分税制下省与市县支出范围的界定

1. 省与市县支出范围总体划分

省级政府应主要制定全省性财税法规、税收调整计划、区域性财政政策，承担省级国家机关正常运转所需经费，以及调整全省经济结构、协调地区发展、实施宏观调控所需经费；大型防汛、抗旱、水利设施维修和农业发展等支农经费；省属国有企业技改、基建（从市场经济发展的内在要求看，各级政府不宜再通过财政向企业直接投资，而应转向为企业发展提供良好的基础条件、政策环境和行政服务）、省直属各项事业发展经费，以及应由省负担的下级政府水利、交通、文化、教育、卫生、科学、计生等各项事业发展的补贴。

市县财政主要承担本级政府机关运转所需支出及经济、社会事业发展所需支出，主要包括本级政府行政事业费、公检法经费、地方统筹安排的基建投资、企业技改和科研经费、城市维护建设经费、支农经费和社会保障经费等。

关乎全民素质、国计民生、国土资源保护和环境治理等方面的经费，如基础教育、卫生防疫、环境保护等支出，应作为中央、省与市县共同的职责，由三级政府共同分担。

2. 省、市县社会管理事权的划分

（1）国防。国防属于全国性公共产品，根据公共财政理论应完全由中央财政负担。但考虑到各地会受益，地方政府应承担一些辅助性、配合性的责任，如民兵事业费、兵役征集费、部队人员转业安置费、武警值勤费等，应由省与市县政府分级负担。

（2）外事活动。属于国家级在地方举办的外事活动（如外国领导人到各地视察、访问），经费由中央财政负担；属于地方性的外事活动（如招商、贸展、出访、国际交流等），经费由地方政府负担，其中省级的由省级财政负担，市县级的由市县级财政负担。

（3）治安。维护社会安定是各级政府都应有的职责，其费用由省、市县级政府分别承担，但以市县级政府为主，跨区域的联防由省级政府负责。

（4）司法。按照属地管辖和诉讼程序划分管理权责，属于省级范围的由省财政负担，属于市县范围的由市县财政负担。中央交办省级的案件，办案经费由中央财政承担；省级交办市县的案件，办案经费由省财政承担。劳动教育经费由市县财政承担，省级负责协调处理特殊情况。

（5）立法。立法方面的支出主要指法律、制度、政策的制定和执行成本，主要集中在中央，省级政府在中央法律、法规基础上具有制定地方性法规、规章、制度的权力，有关这方面的费用由省财政负担。市县级政府承担上级政府法令政策的执行成本和属于本级有关机构的日常费用和设施修建费用。

（6）民政。主要包括自然灾害预防、救济等支出，这类经费应由省、市县分级负担。其中，特大自然灾害由中央、省、市县共同承担，中等灾害由省、市县共同负担，一般灾害由市县负担。

（7）劳动和社会保障。由于市县级政府更接近民众，从受益范围来看，社会保障的权责应主要归市县级政府。但考虑到社会保障是国家的主要职责之一，目前应由各级政府共同承担。省级财政应直接负责全省各级养老保险经办机构的经费，承担失业保险省级调剂金补助。市县级政府负责统筹市内失业保险基金缺口补助，同时负责本级失业保险机构的经费。关于国有企业下岗职工基本生活保障，省级政府通过转移支付负担一部分，市县级政府负责再就业资金及其他支出。关于城市居民最低生活保障支出，省级财政通过转移支付与市县级财政共同承担。

（8）公费医疗和医疗保险。城镇公费医疗和医疗保险，根据中央规定的标准，按属地原则分别由省、市县级政府负责，省级政府还负责指导监督。

（9）人口。省级政府负责在全省内执行中央制定的计划生育政策，并编制本省人口发展规划。市县级政府负责在本地区内执行和宣传上级政府的人口政策和计划生育政策，并提供优生优育服务，经费由市县级财政负担，但上级政府应给予补助。

（10）农业事业。农业事业的规划、指导等宏观管理性支出由省级政府承担，农业项目的具体组织管理支出由市县级政府负责。

（11）气象。地方政府协助中央气象部门在本地区建立气象监测网，建立地方性气象服务机构，为本地区的公众提供气象服务。气象预测根据公共财政理论应由中央财政负责，但受物价上涨等因素的影响，原定经费的缺口现在暂由地方财政负担。地方气象预测工作应由省、市县政府按照属地分别进行管理，经费由中央政府通过转移支付下拨。地震、海洋事业，由省级财政负担管理与监督费用，市县级财政负担执行费用。

（12）邮电。根据中央和地方事权的划分，地方政府的责任是支持本地区邮电事业发展，制订本地区的邮电事业发展规划，协助中央政府管理邮电事业。其中，省级政府制订全省邮电事业发展规划，并负担省级邮电事业的经费。市县政府支持本辖区内邮电事业的发展，并负担市县内邮电事业经费。

（13）环境保护。环境保护属于典型的公共产品，具有较强的效益外溢性，涉及多级政府和多个地区。属于跨区域与跨流域的重要措施支出，以及规划、监督性和管理性支出，由省级财政负担。市县经财政负担执行性管理支出和本地区绿化、防污治污等经费。

（14）公益性设施。此类经费由省、市县按照属地原则分担。不过，这类服务可尽可能地交给市场，如采取特许经营和承包方式，由政府组织、资助，民间机构承办。

（15）行政。行政经费包括人员经费和公用经费，主要用于维持部门和单位正常运转。此类经费由省、市县政府按照机构隶属关系分别承担。省级以下人员经费如果是执行省级政府制定的全省范围的政策（如工资提级），要由省级政府拨转，执行本级政府制定的政策则由本级政府支付经费。

（16）教育事业。九年制义务教育经费由中央、省、市县共同承担，中央应承担主要的经费，省政府负责中央转拨经费的缺口部分，市县政府主要负担管理经费。省级以下的大专以上高等教育由省级政府监管和给予经费补贴，职业教育由市县政府监管和给予经费补助。

（17）卫生事业。包括区域卫生规划实施、公益性医疗机构建设、饮水卫生标准实施、医师资格认定等。其中，饮水卫生标准实施、医疗药品监督、高级医师资格认定由省级政府负责；市县区域内饮水卫生标准实施、中级医师资格认定，由市县级政府负责。传播速度快和传播面积广的传染病，由省、市县政府共同负责；传播速度慢、范围小的传染病，由市县政府负责。

（18）科学技术。地方科研单位和科技活动主要在省一级，属于省级的科研单位和关乎全省的科技项目由省级政府负担经费，市县政府主要承担科学技术在本地区内推广和实施的费用。

（19）文化体育。省级政府负责省内国家级重点文物保护单位的监管，省级重点文物保护单位的确认，省级图书馆、博物馆、科技馆、展览馆和省级具有地方代表性文艺团体和体育代表队的日常管理运营经费。市县政府主要负责国家级和省级重点文物保护，少数代表本地区特色的文化团体的管理运营，以及本级图书馆、文化馆的建设费用。档案、社科、文联等事业费用，按辖区由省、市县分级负担。

（20）广播电视。广播电视随着市场经济的发展，在具有平均利润的情况下，已不完全由国家投资建设。但考虑到人口分布和经济布局在客观上存在的非均衡性，国家需要对地广人稀、经济落后的地区进行投入，以提高广播电视事业的普及率。根据受益原则，省内干线规划与组织、跨市县公司规制与拆分的相关费用由省级财政负担；市县内支线规划与组织、公司规制与拆分的相关费用由市县级财政负担。

3. 省、市县经济管理事权划分

（1）促进区域经济协调发展。省级政府制定和实施全省经济发展的方针政策和规划，实施跨市县产业结构调整，协调市县级区域间经济平衡发展；市县政府负责辖区内的经济协调发展。促进区域经济协调发展的成本支出，由省、市县政府分别承担。

（2）促进经济稳定增长与就业。该类的成本支出属于管理性的，省、市县政府按机构隶属关系分别负担；属于减免税的，省、市县政府要按照税收归属和统一政策分别承担；属于刺激需求性的，省、市县政府按照收益和能力原则承担中央投入的配套性成本。

（3）农业经济建设。一般性农业经济权责应放在市县，这样会提高管理效率。跨区域和全省性的农业开发工程由省财政投入，小型农田水利、水土保持、农田基本建设等由市县财政负责。

（4）工业经济建设。随着经济体制改革的深化，省级以下政府不能再向竞争性领域投资，企业挖潜改造费用政府不再承担。但对一些关联度较高、具有社会效益的、带有垄断性质的企业和项目，省与市县政府应分别在本辖区内通过贴息、担保等方式给予支持。同时，对本辖区内重点企业技改、中小企业创新、信息产业研发，省与市县政府也要给予适当的贴息或补助。

（5）第三产业发展。第三产业已成为全国各地新的经济增长点，省、市县政府应通过改善公共设施、外部环境等手段，保证第三产业的发展。这方面的投资应由省、市县政府按照辖区分别负担。

（6）城镇与交通建设。城镇与交通建设属于混合性公共产品，要尽可能交给市场。但在由政府承办的情况下，城镇建设由其所隶属的一级政府负担。交通道路的建设和维护按受益原则由省、市县政府分别承担，省道经费由省级政府承担，市县道路经费由市县政府承担。农村交通道路属于公共财政提供的范围，其建设费用应由中央与省级政府对市县政府给予必要的资助。

（7）资源开发。资源开发既有直接收益一面，又有造成环境破坏的一面，资源开发的直接成本和社会成本应由直接受益者负担。省级政府对本省内资源开发具有战略性控制和管理监督权责，市县政府对本辖区内资源开发具有控制和管理监督权责。省、市县政府对本辖区资源的开发应分别承担相应的成本。

（8）工商行政管理。省级政府根据中央有关工商行政管理规定，具体负责省级工商企业注册、核发证照，审查企业的经营行为；监督市场交易，查处不正当竞争及商业欺诈行为；接受商标注册，监督和管理商标使用活动；管理监督广告的发布和经营活动。市县政府负责本辖区内有关工商行政管理事项。工商行政管理经费由省、市县政府分别承担。

（9）产业政策。省级政府根据中央产业规划及重点产业布局规划，制订全省产业发展规划，确定本省重点产业及其布局，制定支持全省产业发展的有关政策。市县政府按照中央和省制订的产业发展规划，制订本辖区内的产业发展规划，确定市县的重点产业及其布局，调整产业结构，促进经济发展。上述内容所需经费由省、市县政府分担。

（10）特殊商品监管。省级政府的责任是执行中央有关烟草、食盐、成品油等商品的专营政策，执行中央制定的特殊商品的生产和流通法规，并根据中央有关规定制定本省特殊商品的生产和市场流通管理制度。市县政府负责在本地区贯彻中央有关特殊商品生产和流通的法规及省关于特殊商品生产和流通的管理制度。管理经费由省、市县政府根据辖区分别承担。

（11）国有资产运营机构监管。省级政府根据中央有关制度和政策，制定全省国有资产运营机构监管制度；负责监督管理属于省级政府的国有资产运营机构，包括资产经营授权、任免经营者、考核业绩、对重大资产运作进行决策。市县政府负责在本辖区内贯彻落实中央和省级政府有关国有资产运营机构监管的制度和政策，对本辖区内国有资产运营机构进行管理和监督。管理经费由省、市县政府按照辖区分别负担。

（12）地区发展政策。省级政府根据全国区域经济发展总体规划，制定全省区域经济发展规划及政策，协调行政辖区内经济和社会发展。市县政府根据全国和全省区域经济发展规划，编制市县经济发展规划。所需经费由省、市县政府各自负担。

（13）经济社会发展规划。省级政府负责编制全省短期和中长期经济社会发展规划，提出全省短期经济和社会发展目标，研究编制全省国民经济和社会发展中长期规划，定期发布省级政府对全省未来经济发展的预测和政策设想。市县政府负责提出市县短期经济和社会发展目标，编制市县中长期经济社会发展规划。所需经费由省、市县政府各自负担。

三　基于财力与支出责任相匹配的河南省财政收入分配划分

（一）财政收入分配调整的整体性思路

财政收入分配总体上依赖中央财税体制改革的整体性安排，因此，省级以下财政收入分配体制的完善也要整体上对此进行把握。一般来说，一级政府所拥有的财力主要由以下三个因素决定：一是一级政府所享有的财权；二是受经济发展条件和水平等因素制约的财政资源的丰裕程度；三是来自上级政府的转移支付水平。由于转移支付问题在后文有专门论述，政府间财力分配问题主要从以下两个方面来探讨。

（1）适当下放财权，合理配置政府间税权、收费权和举债权

地方政府在经济社会事务管理过程中，特别是在向当地居民提供公共服务过程中，日益扮演着中央政府无法取代的重要角色，客观上日益要求自行组织收入方面的灵活性。为此，需要采取措施，赋予地方政府适度的财权，具体如下。

第一，应通过完善分税制，赋予各省份人大、政府必要的税收方面的立法权和政策调整权。对于全国普遍开征但经济影响较小的税种，立法权在中央，税收政策解释权应在地方，如城市维护建设税、房产税、土地使用税、车船使用税、契税、耕地占用税等；对于收入规模小、未在全国普遍开征的税种，税收立法权和政策解释权均应在地方，如屠宰税、筵席税等。

第二，可以允许有条件的省级政府发行一定规模的地方债，使地方政府的举债行为合法化。不过要注意设立严格的举债门槛，对债务发行进行严格审批，并明确规定债务收入的用途。

第三，在收费权方面，要继续规范地方政府的收费权，将各种收费逐步纳入财政预算。与此同时，应进一步明确政府间收费权的划分，并让地方政府能够参与分成比例的确定。

（2）完善地方税体系

第一，选择地方税主体税种。地方税主体税种税基较广，收入稳定且规模较大，具有非流动性，税负不能转嫁。只有选择地方税主体税种，本地的税负才能真正落实到本地居民身上，才能把地方公共物品的成本和收益较好地联系起来。地方税主体税种的选择主要有以下几种。

一是营业税。一般而言，经济发展水平越高，第三产业的发展动力越大，与此密切相关的营业税也有越大的增长空间。同时，营业税与地方经济紧密联系，有固定而充分的税源，具有良好的经济调节功能。考虑到营业税改征增值税，现行营业税将会发生较大的变化，可以在营业税的基础上设立地方销售税，作为地方主体税种。地方销售税是在考虑到营业税改征增值税的条件下，将原营业税中确实不适合改按增值税进行征收的项目仍然保留下来，按地方销售税进行课征。因此，地方销售税的课征方法仍然保持原营业税的课征方法。据此，地方销售税的课征范围应该是除生产性服务业劳务之外的其他劳务。这一课征范围涉及与人们生活密切相关的消费性服务业，因而，税率应该适当降低。特别是关于不动产销售方面的地方销售税，出于对财产税税基的保护和减轻居民纳税负担的考虑，不动产销售的地方销售税税率水平应该降低，可以考虑定为 2%。同时，为鼓励服务业的发展，可考虑将企业为提供相关劳务而购进的货物所包含的增值税进行一定比例的退税。同时，对于奢侈性服务业，比如娱乐业，应该适当提高税率（对消费行为调节的同时，也实现了部分收入分配调节）。

二是房地产税。将房地产税、土地使用税合并为房地产税后，房地产税由于计税依据、税率、课征范围等发生变化，规模将会有显著增加。随着经济的发展和市场机制的不断完善，作为财产税类主体税种的房地产税的收入将迅速增加。从国际惯例上看，房地产税一般是地方税的主体税种，而且房地产税具有将地方政府税收收入与地方公共服务提供连接起来的功能，能够保证地方财政民主化。

三是城市维护建设税。改革后的城市维护建设税由于计税依据的改变和课征范围的扩大，其数额在地方财政收入中占有较高比重，可作为地方税主体税种之一。

第二，适当增加新的地方税种。当前我国遗产税等尚未开征，影响了税收对经济的调节力度和广度。另外，目前相当一部分收费本身就具有税收的性质，如资源费、排污费等。因此，将一些具有税收性质的收费和基金纳入税收分配范畴，通过"税费归位"来理顺地方政府的分配秩序，无论从理论上还是从实践上，都是完全有必要的。实行"费改税"，将极大地扩大地方税的收入规模。

第三，调整共享税分享比例。目前，中央政府税收收入大多依赖增值税和所得税。这意味着，中央政府要获得充足的税收收入，必须努力培养这两个税种的税基，这便使中央政府行为产生了更强烈的增长导向。同时，地方政府有发展经济的强烈动力，但从经济发展中获得的税收增量较少，这对地方政府发展经济的积极性产生了消极影响。在增值税和所得税方面，地方政府获得比重较低的状况促使了地方政府"土地财政""收费财政""资源财政"等与经济可持续发展相悖的行为产生。因而，需要通过重构共享比例协调中央和地方税权关系。

对增值税而言，随着营业税改征增值税的推进，原属地方主体税种的营业税将被纳入增值税的课征范围。因此，从短期看，在保持地方政府营业税和增值税税收收入占全国财政收入比重不变的条件下，营业税改征增值税后，地方政府的增值税分享比例至少应保持在52%。① 从长期看，随着税制结构调整中流转税比重的适当下降或直接税比重的上升，这一分享比例可以继续保持，并继续保持进口环节增值税税收收入归中央政府。

对所得税而言，应逐步调整个人所得税分享比例，最终使个人所得税成为中央税种。另外，企业所得税税收收入可

---

① 目前，国内增值税占全国税收收入的比重在30%左右，营业税占全国税收收入的比重在16%左右。因而，地方政府（整体上的）获得的营业税收入和增值税收入之和占全国税收收入的比重大概在24%。假设营业税改征增值税之后，新的增值税带来的税收收入占全国税收收入的比重仍为46%，那么要保持地方获得税收收入规模不变，则地方政府新增值税的分享比例应该是52%。

保持现有分享比例，但应该做以下调整：其一，扩大企业所得税共享面，即将原属中央固定收入的中央企业所得税、地方银行和外资银行及非银行金融企业所得税等列入共享范畴；其二，为配合共享面的调整，需调整企业纳税地点和计税方法，即企业（含分支机构）属地纳税（保证地方的可分享基数），总机构在所在地汇总缴纳企业所得税时可采用已纳税款抵扣企业所得税，同时，汇总缴纳时可均衡分支机构之间的盈亏关系，配以按比例退税的原则，以均衡地方政府和企业的利益。

（二）河南省完善省直管县体制要解决的总体性问题

1. 理顺省与县之间的财力分配原则

省直管县的目的是调动地方发展的积极性，因此，省与县之间的税收收入分配要处理好市场与政府之间的关系，同时使其在发展过程中真正做到责、权、利的统一。从分税制的精神上看，中央与省级税种划分的总体方案是：将维护国家权益、实施宏观调控所必需的税种划为中央税，将适合地方征管的税种划为地方税，将同经济发展直接相关的主要税种划为中央与地方的共享税。这个方案的基本精神也适合省级以下税种的划分，据此把地方税种分为省与市县两级政府的固定税种和共享税种。一是将关乎全省权益和宏观调控的税种划为省级税种，将适应市县管理征收的税种划为市县级税种。二是将税源分布极不均匀的税种归为省级税种，将比较固定的税种划为市县级税种。三是将与城市工商业发展和市政建设联系紧密的税种划为省级税种，将与农村经济密切相关的税种划为市县级税种。四是将地方税收中处于重要地位的税种作为省与市县级共享税种，以扩大省级税源的覆盖面，确保省级财政收入与全省经济同步增长。

2. 打破企业行政隶属关系

要完整推行分税制，就必须打破企业行政隶属关系，就是要彻底打破按隶属关系划分企业所得税、增值税、营业税等的做法，建立健全符合市场经济规律，责、权、利统一的税收分享制度，推进形成统一开放、竞争有序的市场体系，加快清除市场壁垒，提高资源配置的效率和公平性。同时，要进一步促进资本要素合理流动，优化经济发展环境，充分调动市县发展经济、培植税源的积极性，形成"你中有我、我中有你、水涨船高、水低船落"的良性互动机制，使财政分配关系与经济发展更加协调，最终实现各级发展共赢。

3. 合理划分省级与县级政府之间的税收分配关系

第一，确定县级政府的固定收入。可以确定将耕地占用税、房产税、印花税、契税、土地使用税、土地增值税、车船税收入作为地方固定收入。这个设置有以下几方面考虑：其一，这些税种都与地方经济发展紧密相关，有助于激发地方政府发展经济的积极性；其二，这些税种大多数是适合县级政府征收的小税种，将其归为地方有利于促进县级政府积极培植税源；其三，这些税种，特别是土地、房产，都具有不动产的性质，我国财产税体系的完善可以使县级政府建立以财产税为主体税种的地方税体系。

第二，确定省级政府的固定收入。可以将营业税、城市维护建设收入税作为省级政府的固定收入。这个设置的考虑是：其一，省级政府应该有集中的财力以实现省域内的财政均等化；其二，在营业税改征增值税的背景下，营业税的课征范围在不断缩小，未来可以在现有营业税的基础上设置地方销售税，而地方销售税经常会出现生产和消费所在地不一致的情况，留于县级政府可能会导致税源转移不公平。

第三，确定省级与县级政府之间的共享税种。在现有的分税制框架下，在打破企业行政隶属关系的基础上，可以借鉴四川省、湖南省的做法，企业所得税地方留成部分省级与县级政府按照35%和65%的比例分享；个人所得税地方留成部分两者按60%和40%的比例分享；增值税地方留成部分两者按照30%和70%的比例分享；资源税和耕地占用税两者按照25%和75%的比例分享。

四 过渡性问题的调整

（一）民生支出方面的过渡性问题解决

其一，省级财政采取过渡性的财政补助措施，保证直管后仍按原标准进行支出。这一方案既可以保证支出受益对象的收益标准不降低，又可以减轻因体制转换带来的地方财政压力。但其缺点也是显而易见的，过渡措施的期限如何设定？过渡之后的支出标准如何确定？对特定的受益群体来说，受益标准是刚性的、不可逆的。因此，这一方案从长期看不可行。

其二，配合上述过渡措施，直接调整省级政府和市县级政府在民生方面的支出责任，即将社会救济、优抚安置等方面的支出责任界定给省级政府。原因之一，社会救济和优抚安置应侧重公共服务均等化，在省级范围内统筹可避免各地因财力不均导致的差别化，更能体现公平性；原因之二，优抚安置的对象是为国防事业做出贡献的人，而国防事业应该是中央层面的支出事项，在中央、地方事权没有重新界定之前，省级政府作为次中央政府层级应该承担这一角色。

其三，在社会保障领域进行改革，直接提高社会保障统筹层次，即省级统筹。省级统筹是社会保障制度改革的方向，以解决直管县（市）面临的问题为契机，对全省社会保障统筹层次进行改革，是可行方案。

（二）原地级市转移支付撤出影响地方财力问题的解决

应该从两个方面来考虑该问题：其一，从县市财政可支配收入的角度看，这一损失是"依赖性损失"，而不是省直管县财政管理体制对县级财政的负面影响。其二，地级市的转移性支出大多是出于整体区域性考虑的支出，如交通建设规划、气象观测、环境治理等方面的支出。因此，全面直管之后，这类区域性事务的区域协同机制建设需要重构：一方面，可以由省级政府协调建立跨地区协作机制；另一方面，部分流域性问题可以直接由省级政府解决。

（三）财力分配上采取适当的激励机制，避免"鞭打快牛"

地区"税收贡献"应该有一个合适的"度"，避免"鞭打快牛"的扭曲现象出现。以巩义市为例，巩义市 2013 年与 2005 年相比，上划中央税收增加 5.5 亿元，上解省财政"三税"超收分成增加 0.8 亿元，两项合计 6.3 亿元，而同期返还性收入仅增加 0.3 亿元，"税收贡献"和财力增长差距较大，激励效应没有充分显现。因此，在转移支付安排上应尽可能多地采用因素法、公式法或以奖代补法分配资金，甚至可以借鉴浙江的"两保两挂"或"三保三挂"的激励机制调动地方政府的积极性，形成良性互动机制，使积极采取措施的地方受益，避免"鞭打快牛"，同时避免另一些地方形成对上级补助收入的依赖心理。

（四）类似商丘市和永城市财力分配问题的调整思路

第一，废除该项分配方案，但提高河南省与永城市的税收分配标准，即永城市区域内财政收入除中央和省级正常分成外，河南省再与永城市按下述办法划分：神火集团企业所得税和神火集团、永城煤矿集团、裕东电厂教育费附加全部划归河南省；神火集团与裕东电厂增值税、营业税和裕东电厂企业所得税，河南省再与永城市按 7∶3 分成；永城煤矿集团增值税、营业税和河南神火煤电股份有限公司（上市公司）股息分红缴纳的个人所得税，河南省再与永城市按 5∶5 分成；除上述企业税收外，永城市区域内实现的其他收入

（包括上述企业新设立的独资和合资企业产生的税费）全部按属地原则留归永城市。将河南省"再"分享的收入通过专项补助的方式划转给商丘市。这一"换汤不换药"的方案从税理上既避免了商丘市对永城市治权的侵害，又避免了对税收征管相关法律的违背。但这一方案对永城市现有财政收入格局没有任何影响，也不会改变地方政府"重增量不重存量"的倾向。

第二，彻底废除该项分配方案，使永城市和其他省直管县一样，真正实现财政上的省直管，并真正获取与县域经济发展相匹配的财力。这一方案的优点是可以解决上述诸多不合理问题，缺点是不能照顾商丘市的利益关切。省级政府可以通过增大财政转移支付，特别是均衡性转移支付和基本财力保障机制奖补的力度，保证商丘市的正常财政支出需要。但这将改变省级财政对地市本级财政均衡性转移支付的平均水平。

五　基于补偿机制的省市县财政责任划分

（一）省级以下转移支付制度的调整

在分税制框架下，转移支付制度构成了省级政府对下级政府财政缺口的一种补偿机制。规范化的转移支付制度以各级政府基本公共服务能力均衡化为目标，在合理划分政府间财权和事权的基础上，采取科学的方法，核定各级政府的"标准收入能力"和"标准支出要求"，据以确定均衡的拨款和上缴额度，同时辅之以必要的专项拨款。为了进一步理顺政府间财政分配关系，保证"财力与事权相匹配"，当前要进一步规范和完善现行的转移支付制度，具体措施包括以下几个方面。

第一，提高一般性转移支付在全部转移支付中的比重，逐步降低税收返还水平，直至取消税收返还制度，最终将其纳入一般性转移支付。当务之急，是整合现有的一般性转移支付形式，统称其为"一般性转移支付"，取消其具体用途限制，科学确定一般性转移支付标准。

第二，借鉴国外经验，进一步完善一般性转移支付资金分配计算公式，改进标准支出和标准收入的测算范围与内容，提高指标的科学性和可获得性。采用"因素法"，测算地方财力和支出需求差额，以此确定一般性转移支付规模和数量。此外，要不断提高一般性转移支付的比重，加大对贫困地区的转移支付力度；控制和缩小专项转移支付的规模和范围，明确界定列为专项转移支付项目的标准；加强对专项转移支付的审批管理，金额确定应该公式化，改革补助办法，注重对资金使用情况的监督，防止专款不"专"等现象出现。

第三，规范专项转移支付。一方面，要加强制度建设，明确主管部门的各方责任，尽快建立专项转移支付的设立、使用、管理、监督检查、绩效考核和后评估机制，推动专项转移支付结构的动态优化和调整；另一方面，要严格控制专项转移支付规模，合理确定专项转移支付所占比重，专项转移支付的设置应以首先保障一般性转移支付资金需要为前提。此外，从减轻地方财力负担的角度讲，应尽量减少地方配套资金，确实需要地方配套的，应根据受益范围和受益程度明确中央和地方各级政府的分担比例。

（二）全面省直管后政府间补偿机制的设置

1. 省直管县过程中对原"三级配套"的补偿

按照现有体制，在地方政府的专项资金方面，中央政府通常按照目前的行政层级关系设置"三级配套"，即省、市、县三级按比例安排配套资金。在全面省直管县后，"三级配套"便转化为"两级配套"，一方面，"两级配套"不符合专项资金的配套要求，存在"违规"风险；另一方面，当县级政府与原市级政府脱离关系之后，市级配套资金缺口的存在会使专项资金的使用受到影响。因而，省级政府应做出如下补偿安排：其一，省级政府补偿原属市级政府的配套资金缺口，但这种安排将增加省级政府的财政负担；其二，设定一定的比例，由省级政府和县级政府共同补偿市级政府的配套资金缺口，但这一安排将增加贫困县的财政负担；其三，可以根据县级政府经济发展状况设置不同的补偿标准，对贫困县来说，可由省级政府弥补这一缺口，而对经济发展比较好的县份来说，可由省级、县级政府共同弥补。但根本性的办法是，在中央专项资金安排中，尽可能减少配套资金要求，确需配套资金的项目，由直管县做出"两级配套"的安排。

2. 行政直管过程中政府行政设施建设的资金补偿

市县并立的行政直管改革意味着市政府和县政府在行政

层级上都是省级政府的下级政府，都要履行次省级政府的职能，这就意味着，行政直管的县级政府建设是行政直管改革的重要内容。按照我国现行的体制，一些政府行政设置（系统）只能建在地级市，随着市、县分离，系统共享成为行政体制调整中不可避免的问题，如果体制允许，再建系统将是必需的。因此，政府行政设施建设资金的补偿机制需要在全面直管的制度设计中进行安排。省级政府可设置专项资金，对地方行政设施建设提供补偿，并遵照受益原则由属地政府进行适当配套。

3. 省直管县过程中特定的专项资金补偿

以资源税改革为例，资源税改革在推行从价比例计征、"适当提高税负"的同时，取消了原来与资源税相关的矿产资源补偿费等，而原来的收费往往专款专用于矿区治理。之前各地依据矿产资源补偿费等设立的生态补偿费、基金等，在一定程度上为相关环境恢复、矿区居民补偿提供了资金支持，虽然存在诸多问题，但资源税改革不能将地方性收费项目、基金"一废了之"，而应当根据"功能优化、有利监管"的原则，由中央制定规则，各地方清理其资源性收费项目，在整合、归并的基础上，从新的资源税收入中划出一定比例，设立省级专项"矿区生态环境治理基金"，由财政部门负责监管，由国土资源部门根据各市、县情况进行具体安排。资金安排可以由矿产开采地以环境治理项目形式申报，经专家评审，择急、择优分配（解洪涛、陈志勇，2014）。

第五节　煤炭资源税改革问题探讨

煤炭资源税从 2014 年 12 月 1 日开始实行从价计征，国家规定的税率为 2% ～ 10%，同时取消矿产资源补偿费等各种收费项目。河南省确定本省域煤炭资源税的比例税率为2%。对煤炭资源税改革的各方诉求，主要集中在两个方面：其一，2% 的比例税率是否合适？这里主要涉及的是财政收入规模的问题。其二，资源税收入由省级政府和属地政府分享是否合适？这里主要涉及的是地方财政管理体制的问题。

一　煤炭资源税税率问题及解决思路

（一）从国际比较的角度看，目前2%的税率较低

在煤炭资源税改革之前，我国各地按照从量计征的原则计征（见表3－5），如果对比国际煤价将其转化为比例税率的话，这些税率大致相当于1%。从这一角度看，河南省采用2%的比例税率和以前平均水平相比有了一定的提高。

表3－5　煤炭资源税改革前各省份煤炭资源税税目标准

煤种	省份	税额(元)	计税单位
（一）焦煤	—	8	吨
（二）其他煤炭			
	北京市	2.5	吨
	河北省	3	吨
	山西省	3.2	吨

续表

煤种	省份	税额(元)	计税单位
	内蒙古自治区	3.2	吨
	辽宁省	2.8	吨
	吉林省	2.5	吨
	黑龙江省	2.3	吨
	江苏省	2.5	吨
	安徽省	2	吨
	福建省	2.5	吨
	江西省	2.5	吨
	山东省	3.6	吨
	河南省	4	吨
	湖北省	3	吨
	湖南省	2.5	吨
	广东省	3.6	吨
	广西壮族自治区	3	吨
	重庆市	2.5	吨
	四川省	2.5	吨
	贵州省	2.5	吨
	云南省	3	吨
	陕西省	3.2	吨
	甘肃省	3	吨
	青海省	2.3	吨
	宁夏回族自治区	2.3	吨
	新疆维吾尔自治区	3	吨

但从国际比较的视角看，我国的煤炭资源税税率仍然较低。在国外，矿藏所有者（一般是国家）并不开采矿产资源，而是交由他人开采。作为交换，矿藏所有者获取权利金

作为补偿。煤炭权利金一般按照销售收入从价计征。国外煤炭资源税（权利金）征收模式如表3-6所示。

表3-6 部分国家煤炭资源税（权利金）征收情况

国家	征收比例
澳大利亚	
西澳大利亚	7.5%
昆士兰	7%~10%
加拿大	
渥太华	净收入的10%
大不列颠哥伦比亚	净收入的13%
魁北克	净收入的12%
西北地区	净收入的5%~14%
印度	12.5%
俄罗斯	4%
委内瑞拉	3%
乌兹别克斯坦	5.4%

资料来源：Ernst, and Young, *Mongolia Mining and Tax Guide*, Ulaanbaatar, 2012。

如果我国以当前税率标准计征煤炭资源税，就意味着在资源收益分配中，国家作为所有者获利很小，国家应得收益被企业占有。另外，煤炭资源税是企业开采煤炭的经济成本，我国煤炭资源税税率标准远低于其他矿业国家标准，这种以低经济成本参与国际竞争的方式，并不利于企业的长期发展。

（二）目前确定的煤炭资源税税率没有考虑到煤炭品种认定

从理论上看，资源税分为一般资源税与级差资源税。一般资源税对所有纳税人普遍征收，平等对待；而级差资源税则对占用、开发自然资源者因资源条件差异而获得的级差收入征收。西方发达国家的资源税费政策表明，通过征收级差资源税，并将资源税税额与相关资产利用指标挂钩，能够减少资源浪费。另外，国外的资源税税额与消耗的资源储量、资源利用的回采率等指标紧密联系，这样可以促使企业最大限度地开采资源，避免资源浪费。

我国在煤炭资源税税率设计上设置幅度税率，就是考虑到了资源禀赋的差异。河南省幅员广阔，煤炭资源储量、品种、质量等在各地也有不同的表现，适合采用细化煤炭资源税税目的方式有针对性地课征。因而，从这个角度上看，河南省确定煤炭资源税税率为单一的2%便失去了对煤炭资源的级差调节，在一定程度上将产生对不同企业课征的不公平性。

（三）目前确定的煤炭资源税税率对企业的激励作用缺乏针对性

从煤炭资源税由从量计征改为从价计征的目的上看，从价计征能够促进企业采取更多措施节能减排，从而形成追求可持续发展的长效机制。但对企业的这种激励需要根据企业的具体情况设计不同的激励机制。从税率的角度看，其一，从价计征从整体上看增加了企业的税负，为了利益最大化，煤炭产业链上游、中游、下游的企业都将更注意节约使用煤炭。这也将形成一种内在的激励机制，企业会千方百计地开发有利于节能降耗的工艺技术和产品，从而形成符合科学发展观、追求可持续发展的长效机制。其二，由于不同企业税负转嫁能力不同，企业的上述行为会有所差异。对一些质量好且有一定专用性质的煤炭资源来说，企业在销售过程中会形成较强的税负转嫁能力，不会对企业行为产生质的影响（即使价格稍有提高，销售也不是问题）。因此，只有提高该类产品的税负水平，才能起到一定的激励作用，即只有税率水平提高而总有一部分税负要由企业承担，才能激励企业为了消转税负而提高开采技术，从而提高企业的资源开采效率。

比如，对永城市来说，在当今煤炭市场不景气的情况下，永城市域范围内的煤炭企业平均利润率仍达 26.45%，[①] 因此，即使适当提高资源税税率水平，对企业的影响也是极小的。另外，对永城市来说，近年来，煤炭资源税、矿产资源补偿费和价格调节基金（统称"一税两费"）总的负担率也为 2% 左右（见表 3-7），用目前 2% 的税率达不到资源税改革想要实现的目的。

表 3-7　永城市 2011~2014 年"一税两费"负担情况

单位：万元，%

年份	销售收入	煤炭资源税	矿产资源补偿费	价格调节基金	合计	"一税两费"负担率
2011	1576161	8233	15979	0	24212	1.54
2012	1362188	9307	13824	26536	49667	3.65
2013	1124554	7899	10115	1000	19014	1.69
2014	680970	5596	6410	0	12006	1.76

注：2014 年数据为 2014 年 1~9 月数据，用该数据不影响分析结果。
资料来源：河南永城市调研数据。

---

① 资料来源：永城市调研数据。

(四) 煤炭资源税税率调整思路

煤炭资源税改革的目标是提高煤炭的开采和利用效率，促进节能降耗。但综上所述，河南省煤炭资源税现有的2%单一比例税率不能实现这一目标，因此，可以做如下调整。

第一，整体上提高煤炭资源税的税负水平。这能够产生如下效果：其一，保障国家作为资源所有者应享有的权益；其二，提高税负是煤炭资源税改革的手段，有助于提高煤炭资源开采和利用效率，[①] 促进节能降耗，从而推动我国产业结构调整，实现经济发展方式转变。

第二，设置差别比例税率，实现对煤炭资源的级差调节。其一，根据煤炭资源的不同品种、质量确定不同的税率水平。其二，根据企业资源税税收负担转嫁能力设置不同的税率。当煤炭开采企业无法将更多的因资源税税负提高而上涨的生产成本通过涨价转嫁给煤炭利用企业时，它只能通过努力降低成本来消化这部分增加的税收负担。

二 煤炭资源税改革与其相对应的财政体制问题

(一) 煤炭资源税改革对地方财政收入的影响

从改革思路上看，由于煤炭资源税改革的主要目的在于，在保障国家作为资源所有者的收益的同时，提高煤炭资源开采和利用效率，促进节能减排。从前文的分析中可以看出，

---

① 当然，提高煤炭资源开采和利用效率有很多种方法，比如，对煤炭价格进行合理干预、合理引导煤炭企业之间的竞争、鼓励开采企业实现技术进步等，资源税税率水平的提高只有和上述因素结合起来才能真正实现这一目标。

煤炭资源税税率和以前从量定额计征相比，税负水平确实提高了。如果用现有河南省煤炭资源税税率与历年煤炭资源销售额做乘积计算历年虚拟税额，可以看出，现行煤炭资源税税率变化都不同程度地提高了地方财政收入。以永城市为例的计算结果如表3-8所示。

表3-8 煤炭资源税税率变化对永城市财政收入的影响

单位：万元，%

年份	销售收入	"一税两费"总额	按现有税率计算的虚拟税额	财政收入增长幅度
2011	1576161	24212	31523.22	30.20
2012	1362188	49667	27243.76	-45.15
2013	1124554	19014	22491.08	18.29
2014	680970	12006	13619.4	13.44

注：按2012年销售收入计算的虚拟税额小于"一税两费"总额，这主要是价格调节基金比较高造成的，目前在价格调节基金暂停征收的背景下，煤炭资源税改革对地方财政收入的影响显然是正的。2014年数据为2014年1~9月数据。

资料来源：永城市调研数据。

（二）煤炭资源税的使用问题

煤炭资源税的使用问题包含两方面的问题：一是资源税收入应该作为一般税收收入来使用还是专款专用；二是资源税收入应该完全作为属地政府的财政收入，还是要和省级政府共享。

第一，在预算管理上，资源税纳入政府公共预算，就意味着资源税并不是专款专用于矿区治理、资源勘查、环境恢复、矿区居民补偿等方面。在资源税改革之前，虽然税费并立存在诸多不合理性，但各地依据矿产资源补偿费等设立的生态补偿费、基金等，在一定程度上为相关环境恢复、矿区居民补偿提供了资金支持，其积极功能不能抹杀。

第二，按照目前河南省地方财政管理体制安排，资源税（以 2008 年额度为基数）增量部分省级分成 30%，这就意味着资源税成为河南省的省县共享税种。

这一分配机制的不合理性在于：煤炭资源的开采对当地的自然环境造成了较大的破坏，不同程度上影响了矿区周边群众的生产生活。当地政府大量投入治理资金，才保证了矿产资源开发地区经济社会发展的可持续性。因而从这一角度看，煤炭资源税应该归属地政府。但这一诉求也存在问题：资源税收入是一般预算收入，如果留给地方政府用于矿区治理，便改变了一般预算收入的性质。同时，各地设立的生态补偿费、基金等专款专用资金都存在挪用现象，即使将煤炭资源税全部留给属地政府，作为一般预算收入也不可能专款专用。

这一分配机制的合理性在于：其一，矿产资源属于国家，省级政府代表中央政府行使煤炭资源的所有权，从中获取税收是合理的；其二，资源税是企业所得税税前扣除项目，资源税的征收在一定程度上缩小了企业所得税的税基，省级政府的分享数额会降低，因而，地方分享资源税收入存在合理性；其三，省级政府每年通过专项转移支付的方式为各地矿区治理提供了大量资金，而分享资源税收入可为这种专项转移支付提供资金保障；其四，省级政府要履行均衡区域发展的责任，由于各地财力不同，以及资源禀赋差异导致的资源税收入存在差异，各地对矿区治理的能力也不同，税收分享可提高落后地区的矿区治理能力；其五，煤炭资源开采涉及的环境污染往往是跨区域的，因而其理应成为省级政府协调治理的事权之一。

（三）煤炭资源税改革如何处理矿区治理问题

资源税收入是一般预算收入，在预算管理上，很难保证其特定用途。如前文所述，煤炭资源税费改革不能将地方性收费项目、基金"一废了之"，而应当根据"功能优化、有利监管"的原则，由中央制定规则，各地方清理其资源性收费项目，在整合、归并的基础上，从新的资源税收入中划出一定比例，设立省级专项"矿区生态环境治理基金"，由财政部门负责监管，由国土资源部门根据各市、县情况进行具体安排。

（执笔：陈少克）

参考文献

贾康、白景明：《县乡财政解困与财政体制创新》，《经济研究》2002 年第 2 期。

刘尚希：《财政体制改革应把握三个基点》，http：//finance. people. com. cn/BIG5/n/2013/1105/c1004 – 23435124. html，2013 年 11 月。

刘尚希：《基于国家治理的财政改革新思维》，《地方财政研究》2014 年第 1 期。

骆祖春：《省直管县财政体制改革的成效、问题和对策研究》，《经济体制改革》2010 年第 3 期。

陈纪瑜等：《"省直管县"财政体制改革模式探讨——以湖南为例》，《财政与税务》2007 年第 1 期。

岳希明、蔡萌：《现代财政制度中的转移支付改革方向》，《中国人民大学学报》2014 年第 5 期。

庞明礼、石珊、金舒：《省直管县财政体制改革的困境与出路——基于对 H 省 174 位财政局长的调查》，《财政研究》2013 年第 4 期。

石亚军、施正文：《从"省直管县财政改革"迈向"省直管县行政改革"——安徽省直管县财政改革的调查》，《中国行政管理》2010 年第 2 期。

程光等：《构建财权与事权相匹配的政府间财政关系——基于多省调查数据分析》，《理论前沿》2009 年第 24 期。

张永生：《政府间事权与财权如何划分?》，《经济社会体制比较》2008 年第 2 期。

李奕宏：《我国政府间事权及支出划分研究》，《财政研究》2014 年第 8 期。

李刚：《煤炭资源税改革：国际视野与方案建议》，《地方财政研究》2014 年第 10 期。

徐全红：《政府竞争、财政转型与中国农区工业化》，社会科学文献出版社，2013。

解洪涛、陈志勇：《试析煤炭资源税改革中的几个问题》，《税务研究》2014 年第 2 期。

第四章 省直管县干部晋升
问题与解决方案

从扩权强县到财政省直管县，再到全面省直管县，河南省的省直管县改革进入了一个新的时期。当前，直管县（市）在人、财、物等各方面的管理与省辖市脱离关系，特别是干部管理方式的变化，深刻地触动了直管县（市）各级干部的神经。调研中发现，在省直管县改革所带来的所有问题中，呼声最高、反映最强烈的就是干部晋升问题。尽管河南省的省直管县改革正在逐渐实现改革的初衷，基层群众得到了较多的实惠，但是干部晋升问题也到了必须尽快解决的时候，不然，其工作积极性将受到很大影响，进而影响省直管县改革的整体效果。

第一节 全面省直管县改革前后
干部管理方式变化

河南省 10 个直管县（市）是处级行政单位，一般情况下，党政一把手为正处级干部，只有部分县（市）党政一把手是副厅级干部，直管县（市）党委仍是处级党委，只有处级党委对干部的管理权限。

省直管之前，县（市）的副处级、正处级干部由所属省辖市党委管理任命，整个省辖市内的所有干部可以互相交流，县（市）干部可以和市直机关干部交流，各县（市）干部之间也可以交流，即使在本县（市）内的晋升渠道堵塞，也有向其他县（市）和市直机关交流的机会，只要努力干，就有升职的希望，而这种希望是干部努力工作的动力之一。

全面省直管后，直管县（市）党委直接受省委领导，向省委负责并报告工作。直管县（市）纪委和党委各部门分别直接受省纪委和省委对应部门领导或指导。直管县（市）党委、人大、政府、政协的正职由省委管理，班子其他成员及副县级以上干部由省委委托省委组织部管理。实行双重管理单位的干部，由原省辖市有关部门主管或协管的，调整为省级部门主管或协管。[①] 在人事管理体制上，省委对县（市）委书记的直管，一定程度上改变了"下管一级"体制，实现了市县并立、减少行政层级的目的。

第二节　省直管县干部晋升渠道存在的问题

一　省级党委对县级干部的隔级管理问题

省级党委一般对厅级干部进行任命和管理，县级干部由

_____

① 参见《河南省深化省直管县体制改革实施意见》，2013。

省辖市厅级党委进行管理。全面省直管后，县处级干部越过厅级党委，直接由省级党委任命和管理，这就形成了隔级管理现象，这会引发以下几个问题。

一是拉长了管理链条，增加了管理难度。省级党委在对县级干部进行管理的时候，可以任命的干部级别包括正厅级、副厅级、正处级、副处级，由此需要管理的干部级别链条就包括厅级、处级和科级。如此长的管理链条必将增加省级党委的工作量，分散省级党委的工作重点和精力，影响省级党委的管理效率、科学性和精确性。

二是形成了管理缝隙。尽管省级党委可以向县级委派正处级干部，甚至委派副厅级干部任县级党政一把手，但副处级干部几乎处于没有任何变动的停滞状态。① 这也是在隔级管理过程中，省级党委组织部无暇顾及副处级干部造成的结果。原来副处级干部的晋升渠道主要在所属省辖市，省辖市党委对处级干部的工作能力了解得比较详细，会定期对其进行调整，而省级党委与县（市）处级干部的事务合作和业务交叉比较少，也没有建立完善的对直管县（市）副处级干部的考核体系，很难锁定合适的重点提拔对象，因此影响了副处级干部的交流升级。

三是级差较大会导致基层干部的心理压力加大。在隔级管理过程中，省级干部和县级干部行政层级上的差距较

---

① 2013 年和 2014 年，巩义市新提拔副县级干部 14 名，全按"5、8、10"政策给予副处级待遇。

大，县级干部往往无法充分表达自己的观点，不敢与省级干部进行彻底的意见交流，这在一定程度上削弱了县（市）的话语权。地位上的不对称造成了行为上和权力上的不平衡，易造成上级对下级强制性地压任务、压责任，给基层干部带来心理上的压力，无法充分发挥基层干部的工作积极性、主动性和创造性。同时，这种行政级别的差异，也在很大程度上阻滞了市县与省级部门的干部交流，省里的许多优秀年轻干部因为市县不能提供适当的职位而不愿意向下交流，市县一些富有实践经验的干部因为省里的门槛过高而不能向上交流。

以上三个方面都是隔级管理带来的问题，这些问题有的是配套政策不完善造成的，如干部的管理缝隙，直管县副处级干部的任命和考核还没有行之有效的政策措施；有的问题需要各级干部提升工作能力，顺利承担更大的工作任务来解决；有的问题只是人们改革初期的不适应心理造成的，随着改革的推进，干部的隔级合作共事会成为一种常态，相关问题将迎刃而解。

二　省直管县各级干部垂直晋升渠道堵塞问题

省直管县的县（市）长和县（市）委书记一般由省级党委选派，或者由原来的干部连任。这样一来，副县职干部就失去了在本县晋升的机会，依次类推，科级干部升职渠道也不畅通，造成整个县（市）的干部垂直晋升渠道狭窄。晋升渠道不畅通的另一个原因是省委组织部对副处级干部的管理责任没有完全到位，没有建立对副处级干部和科级干部直接考核的办法。

晋升渠道堵塞的一个直接影响是抑制基层干部的工作积极性。当处级干部调整出现问题时，由于职数限制，科级干部就没有了晋升渠道，减少了对科级干部的激励手段。在调研过程中，基层干部反映最强烈的问题就是不管多么努力工作，也完全没有晋升希望，待遇无法提高。不少干部出现情绪低沉和软抵触行为，不再有什么追求，对工作没有激情，缺乏职业成就感。

三　部分县（市）出现正处级职位断层问题

职位断层是改革初期干部调整没有完全到位造成的结果，往往表现为某一级别的干部不存在，一起工作的人员级差较大。比如，省级党委任命副厅级干部做县级党政一把手，县（市）长和县（市）委书记的行政级别则为副厅级，而接下去就是副处级干部，出现了正处级干部的断层。

这种职级断层会造成两个方面的问题。一是干部逐级晋升的可能性最大，一般不存在跳级升职，在职数控制比较严格的情况下，如果本县（市）的正处级岗位不存在，副处级干部就没有升职为正处级的可能。二是这种隔级配置可能会造成共事合作中的尴尬，在议事协商中也可能造成领导"一言堂"。在职位相差两级时，干部之间就无法进行正常交流，往往是一方指挥、一方执行，即使发现问题也无法充分沟通，影响整体的工作效果。

造成职级断层的原因主要是职数限制，自从中央编办核定基层编制之后，基层政府为了内部消化以往的超编现象，很难空出职数接纳干部晋升。因此，公务员队伍出现断层，与基层公务员晋升渠道不畅是相互联系的。

四　干部交流渠道不畅

（一）与省直厅局的交流

直管县（市）的处级干部被省级党委接管后，当直管县（市）的正处级干部需要被提升为副厅级时，可以与省直厅局的处级干部竞争，到省直厅局任职。同样，直管县（市）的副处级干部甚至科级干部都可以到省直厅局交流升职，理论上这种交流方式可以实现，但现实中仍存在很多障碍，使这种形式的交流无法实现。

障碍之一：省直厅局的工作性质与县（市）的工作性质差别较大。省直厅局具有机关工作的一般特点，较多时间被用于编制方案、计划和指导性文件，监督下级工作的执行情况，而直管县（市）的工作具有基层工作的一般特点，直接面对群众，解决日常生活中的实际问题，较多时间被用于执行上级政策。县级干部原来有到省辖市任职的缓冲期，省辖市兼具政策制定、解释和执行的职能，而现在缺少在省辖市工作的锻炼过渡期，完全改变工作方法和工作性质对县

（市）干部的挑战较大，县（市）干部并没有太大的积极性到省直机关工作。

障碍之二：省直厅局党委没有选拔直管县（市）干部的机制和积极性。省直厅局党委具有对本厅局正处级干部的管理任命权，在调整内部处级干部时，一般由厅局党组根据自己比较熟悉的内部人员做出任命决定，很难考虑到在直管县（市）的副处级干部中选拔，一是因为没有建立这样的渠道，二是因为领导也有照顾本单位工作人员的想法。

在后面的分析中，本研究将针对这些障碍设计相应的解决方案，来促进直管县（市）与省直厅局之间的干部交流。

（二）10个直管县（市）之间的交流

从理论上讲，10个直管县（市）的情况基本类似，直管县（市）处级干部都由省级党委管理和任命，省级党委完全可以在10个直管县（市）之间调整处级干部，使副处级干部在直管县（市）之间交流升职。但是，这种干部交流的现实情况依然不乐观。

障碍之一：直管县（市）之间的距离。许多直管县（市）之间的距离较远，而直管县（市）干部大多已在本县成家，交流到其他直管县（市）任职较为困难。因此，他们一般并不愿意调任其他直管县（市）。

障碍之二：直管县（市）之间经济发展程度差别较大。直管县（市）既包括相对富裕的工业县份，如巩义、永城等，又包括相对贫穷的农业县份，如滑县等。各地的经济条件和公共设施有一定差距，即使让富裕县份的副处级干部升为贫穷县的正处级干部，对一些干部来说也没有太大的吸引力。除非由省级党委出面直接统一调整省直管县（市）干部，建立干部循环交流的长效机制，否则这种障碍难以突破。

障碍之三：各直管县（市）本身正处级干部"出口"也不畅通，腾出的正处级职位不多。由于职数限制，副处级干部没有升级机会，单纯的平行交流对他们的激励作用不明显。

从以上分析可以看出，直管县（市）之间的交流渠道没有充分利用。这些障碍在短期内都无法克服，河南省有较多的直管县（市），让干部到临县（市）交流，一定程度上可以解决上述问题。

（三）与原来所属省辖市之间的交流

各个直管县（市）与其原来所属省辖市分离后，它们之间的干部交流渠道基本被切断。直管县（市）处级干部由省级党委管理，省辖市党委不再具有管理直管县（市）干部的权力，也没有选拔直管县（市）干部的积极性。干部任命权是激励干部努力工作的有力措施，当省辖市党委不再对直管县（市）经济社会发展承担义务时，它们就不愿浪费省辖市的干部名额提升直管县（市）干部。

直管县（市）与原所属省辖市之间的干部交流困难主要是利益平衡难度较大造成的。一些省份的改革方案都要求地级市在改革中平衡与直管县（市）的利益，这在实际推进中难度很大。改革之前，由于地级市与所辖县（市）经济社会发展利益高度相关，地级市会支持其经济社会发展。改革之后，财权、事权等方面直管县（市）与地级市基本上脱离了关系，地级市变成了直管县（市）的"旁观者"。再加上在直管县（市）主要干部任命和调任上，地级市权力比较有限，地级市对直管县（市）干部的配合调整就不会像以前那样主动，增加了直管县（市）与省辖市之间沟通和合作上的困难。

即使省级党委要求省辖市党委给原所辖县（市）预留一定的干部名额，但所辖县（市）一般也会被边缘化，况且当前也没有对省辖市的相关硬性规定。如果没有对省辖市党委的具体要求，这种交流渠道已很难打通。

第三节　解决省直管县干部晋升问题的紧迫性

如上所述，当前直管县（市）干部晋升渠道狭窄，干部的心理落差较大，较大程度上影响了他们的工作热情，进而可能影响当地经济社会的可持续发展，最终影响省直管县的改革效果。

一　横向比较产生极大心理不平衡

原来地级市下辖县（市）的干部，一般能够顺利获得升迁机会，包括一些业绩不如直管县（市）干部的干部。当非直管县（市）的干部顺利提拔后，对改革任务繁重的直管县

（市）干部来说，将会感受到较大的心理不平衡，认为自己的努力没有得到上级的认可和重视，成了改革的"牺牲品"。特别是一些经济总量较大的县（市），认为自己县（市）的经济发展程度完全可以和某些省辖市做比较，却没有得到相同的待遇，从而感到不公平。

这种情况将会极大地影响直管县（市）干部的工作积极性，影响直管县（市）改革的推进。在调研过程中，有些县（市）领导直言：再不及时疏通直管县（市）干部的晋升渠道，将会造成极其严重的后果，影响干部队伍的稳定和工作热情，最终影响县域社会经济的发展质量。升迁对一个干部而言，既关乎政治前途，又牵涉许多实际利益。当这种需求在一定时期得不到满足，特别是看到与自己差不多的人，甚至不如自己的人被提拔重用，而自己原地不动时，他们就会感到特别沮丧，总是感觉"英雄无用武之地"（中共四川广安市委组织部课题组，2010）。

二　接近任职年限的干部产生消极悲观情绪

长期在基层工作，业绩优良，但是已快超过提拔年龄的干部，很多仍是科级干部，只能享受科级干部的工资待遇，与自己的贡献不相符。直管县（市）党委也觉得愧对这些老同志，一直想办法去弥补他们，但受政策限制而无计可施。

已接近任职年限的干部，在升迁无望的情况下，往往会产生消极悲观的情绪，影响工作效果。调研中较多人提到了需要尽快出台相应政策，疏通直管县（市）干部的晋升渠道。或者针对较大年龄的干部出台提高待遇的政策，以发挥他们的余热，使其站好最后一班岗。

有研究表明，从科员到处级干部的升迁比例仅为 4.4%（胡颖、廉叶岚，2014），绝大多数干部在基层工作几十年还是副科长。县乡干部一到年龄关口，就相当惶恐，整天想着如何找"出路"，无心工作，思想迷茫，行为懒散。个别面临退居二线的干部手握一定权力，又自感晋升无望、付出与回报不对等，就产生趁在位时"捞一把"的失衡心理，以至于晚节不保。

三　年轻干部同样需要晋升激励

年轻干部是党和人民事业的战略接班人，他们是推进改革事业的中坚力量。直管县（市）年轻干部所占比例日趋下降，干部队伍年龄老化情况比较明显，一个主要原因就是培养选拔渠道不畅。当直管县（市）的处级干部晋升渠道不畅时，各个层级都会积压一批年龄偏大的干部，年轻干部的晋升空间更小。晋升激励是党组织调动干部工作积极性常用的手段。而当前的晋升渠道不畅，县级党委就缺少了一个重要的干部管理手段，降低了决策执行的影响力。

让年轻干部树立职务晋升的信心和希望，也是当前省直管县改革需要解决的问题。第一，可以建立干部能上能下的配套措施，畅通干部"出口"，为年轻干部成长拓展空间。第二，可以改进编制管理，加强公务员编制的总量控制和动态管理，对长期没有调整编制数量的个别地区和部门，适时给予调整，用于补充年轻干部。第三，调整干部管理体制，可以尝试湖北省的做法，湖北省直管县（市）的党政正职由省委管理，四大班子成员和纪委副书记、法院院长、检察院检察长由省委委托省委组织部管理，其他副处级干部改为由直管县（市）管理，报省委组织部备案，这样可以解决一部分科级干部的晋升问题。

总之，政府机构与干部队伍是关乎改革成效的基础性要素（庞明礼、张东方，2013）。在干部晋升渠道不畅的情况下进行省直管县改革，将会受到来自地方部分干部的阻力，影响县域经济的发展和全面改革的推进。

第四节　职级设置的一般原则

一　畅通干部升降渠道

健全的干部任用制度要求依据干部政绩考核结果，做出相应调整。如果职级永远没有上升的可能，干部将缺乏努力工作的动力；如果没有下降通道，干部就会缺乏谨慎工作的压力。对坚持正确政绩观、能力强、干劲足的干部，要有提拔重用的机制；对有损党的形象、盲目决策、违背民意的干部，也需要有下降渠道。只有形成能上能下的用人制度，才能更好地激励干部科学决策，使其树立符合科学发展观、顺应民心民意的正确政绩观。因此，干部职级设置的首要原则就是干部能上能下、能进能出，将优秀干部提拔上来，为个人提供充分施展才华的平台，让干部的才能得到充分展现。

二　通过奖惩激励机制提升组织效率

行为科学理论强调人不仅是传统组织理论认为的只受物质刺激的"经济人"，而且是愿意通过合作取得工作成果的"社会人"，干部在与别人的合作和比较中明确自身的价值。美国学者巴纳德的组织均衡理论指出，为保证组织的生存，组织应在一定条件下诱导其成员对组织做出贡献，组织若要发展，必须同时提供特殊的和一般的诱导，即精神的和物质的诱导。激励理论认为，激励因素能使组织成员感到满足，具有激励作用，使之积极努力，增加工作效绩。干部队伍的建设有赖于干部激励机制的创新和完善，要用全面公正的考核评价机制激励干部，为实施干部奖惩、职位升降与培训提供科学依据，全面准确地了解和掌握干部的优缺点，激励干部奋发向上、努力工作，让考核起到奖勤罚懒、调动工作积极性的良好作用。在省直管县的改革中，对干部的管理要运用多种激励方式，来补充晋升这种单一的激励模式，全面提高组织效率。

三　采用弹性干部管理模式

弹性管理是建立在权变理论基础上的。权变理论是西方组织管理学中以具体情况及具体对策的应变思想为基础形成的管理理论。20 世纪 70 年代以来，权变理论在美国兴起，受到了广泛的重视。以往的管理理论大多在追求普遍适用的、最合理的模式与原则，而这些管理理论在面对瞬息万变的外部环境时又显得无能为力。弹性管理的核心思想是适时处理问题，对组织内外状况进行充分了解，并采取有效的应变策略，针对不同的具体条件寻求不同的管理模式、方案或方法。

干部也应该根据具体情况，如干部能力、环境条件和工作任务结构等进行管理，把每一位干部放到适合的环境中，发挥其最大的优势。弹性管理是管理的原则性和灵活性的统一，使组织系统内的各环节能在一定余地内自我调整、自我管理，以加强整体配合，使组织系统整体能随外界环境的改变而自我调整。因此，采用弹性干部管理模式，就是要正确任用人才，相应的职位对应相应的能力，并根据规定，留有上下调整的空间，做到与刚性制度管理相辅相成。

四　民主监督和依法管理

省直管县改革使县级的权力得到了加强，但对县权的监督制约设计明显不够。按照权责一致的要求，有权必有责，在扩大直管县（市）经济社会管理权限的同时，直管县

（市）也要承担与管理权限相对应的责任。

我国采用的是集权型层级制干部管理模式。集权型层级制是指高层管理人员拥有最重要的决策权力的组织结构。其特点是高层管理人员可较容易地控制与协调社会管理活动。其优点是对上下沟通的形式进行了规范，在危急情况下能够做出快速决策，而其缺点是决策链条可能过长，对各管理层的干部难以实施民主监督。因此，干部职级设置模式应该便于民主监督和依法管理，充分发挥监督机构和议事机构的职能，组织好民主评议，促使各级干部正确决策、谨慎决策。

一是省里要督促县（市）加强依法行政和制度建设。坚持用制度管权、管事、管人，健全监督机制，强化责任追究。二是按照决策权、执行权、监督权既相互制约又相互协调的要求，统筹党政机关和事业单位的机构改革，构建具有省直管县特色的党政机关和事业单位职能配置体系与组织机构架构。三是建立省级督察制度。通过定期督察、不定期抽查、电子政务联动等方式，建立健全与直管县（市）政府扩权相适应的监督制约机制，规范权力运作，强化行政问责。四是健全政务公开制度，畅通群众举报投诉渠道，特别要重视网上举报平台建设，强化社会舆论监督。

五　权力责任划分明确

通过改革赋予不同类型、层级、区域的地方政府以必要的权力，设定必要的权限和责任，事关行政管理体制改革的大局。合理配置权力、设定权限、明确责任，是进行地方政府改革，从根本上解决地方政府层次过多、职能交叉、机构臃肿、权责脱节和多头多重执法等问题的关键所在。我国是一个集权与分权相结合、中央与地方权力配置日趋合理的国家。权力下放是新一轮行政管理体制改革的特点，难点就在于明确权限划分。在减少和规范行政性审批的大环境下，把政权、事权、人权、财权加以科学划分，在中央的统一领导下，下放地方的权力就给予了地方政府充分的自主权，有利于充分发挥地方的主动性、积极性。

六　符合信息化智能管理的需要

信息化管理是以信息科技手段和先进管理理念实现社会管理现代化。当然，信息化管理不能一蹴而就，涉及管理信息系统的选型、采购、实施、应用等诸多问题，共享信息和资源是一个循环的动态过程。

管理层次和管理幅度的动态平衡与协调不但有利于组织内信息的上传下达，而且有利于组织效率的提高（山东省编办课题组，2013）。在省直管县体制之下，管理层次变少，管理幅度相对变大，有利于提高行政管理效率。随着行政层级的减少，下一级行政部门数量增多，提高了上级行政部门管理的难度，而信息化管理手段将有效解决这一问题。因此，需要改变传统管理模式，实行扁平化管理和网络化管理，提高管理效率，降低管理成本。网上汇报不但能够实现信息的快速传递，而且能够避免直管县（市）干部在越级汇报时的尴尬，也能减少向多个上级部门汇报的工作量。

第五节　干部晋升问题的近期解决方案

一　整体升格方案

方案介绍：将直管县（市）所有处级干部的职级直接升格为副厅级，暂时解决干部无法晋升问题。一定时期后，所有干部的职级再上调一级，将直管县（市）升格为正厅级单元，与省辖市平级，按省辖市的管理模式进行管理。这种方案的优点是操作方便，无须分别考察干部，能在较短时间内完成调整，激励效果明显，不存在改革的地方抵触压力。但其缺点也是非常明显的，具体表现为以下几个方面。

缺陷之一是行政成本较高。以滑县为例，截至2014年11月底，其共有正处级干部6名，副处级干部39名，正科级干部约200名，副科级干部约200名。级差工资按每月约200元计算，一年增发的工资将达108万元，这还没有把配备的办公设施经费计算在内。可见，这有悖于节俭政府的改革初衷。

缺陷之二是社会负面影响大。当企事业单位工资改革还没有完全铺开时，就把公务员的待遇提高一个层次，必将引起较大的社会反响。在我国，公务员的任何改革都会引起较强的社会舆论，在提高公务员待遇还没有完全被社会大众认可的时候，就整体对公务员职级升格，也会引发反对声音，造成强烈的负面影响。只有社会公众的收入都上一个台阶时，公务员工资再顺势调整，才会减弱人们对公务员提级的关注度。

缺陷之三是对干部的激励只有短期效应。这种方案是县（市）干部最愿意接受的一种方案，如果在县级干部的呼声压力下，省级党委全然接受，过了一段时间后，其还可能以其他理由，要求实现自己的政治升迁。这种毫无条件的整体升迁，无法产生长期的正向激励。

缺陷之四是违反中央对干部职数的限制规定。中央对各地方的干部职数严格控制，目的是杜绝地方滥设职务。在总额限制的情况下，只有消化一个职数，才能利用一个职数。如果整体升格，各级职数将会大量突破最高限额，很难获得上级批准。

许多直管县（市）干部抱有这种期望，想直接过渡到济源模式，与省辖市处于平等地位，采用"18＋10"的省直管模式，但这种直接升格方式并不符合减少行政成本、精兵简政的改革初衷。

尽管在短期内实施这种方案弊端较多，但从省直管县改革的长期趋势看，市县并立将是最终的结果。干部职级问题，既涉及干部工作热情的因素，又涉及省县畅通工作沟通、密切工作联系的问题，因此必然有一个职级升格的过程（王轶智，2012）。在市管县机制下，就存在厅级县委书记、副厅级县委书记、处级县委书记的区别。省直管县后，县（市）从市抽离出来，在行政区划上成为与市平行的一级单位，如果县级行政权力与市级平等，那么干部职级设置也是一个不得不考虑的问题，比如县（市）委书记的级别该不该和市委书记一样成为地厅级、原来不同级别的县（市）委书记是不是该统一级别的问题。可以根据县域面积、人口、经济规模、发展需求，适当把部分县（市）的党委书记，甚至整个县级机构的级别进行提升。对于任职时间长、工作实绩突出的县（市）委书记，可以提供一些政治级别、工资待遇上的激励，并且形成正规的长效机制，这对稳定基层干部队伍、激发基层工作动力很有必要。

改革可以先从部分干部低职高配开始。20 世纪 90 年代，部分省份开始探索扩权强县和县级党委书记高配的改革。到2012 年底，广东、山西、江苏、湖南等地纷纷尝试高配县级党委书记，一般是将任职满 5 年的优秀县级党委书记提拔为副厅级，部分甚至被任命为正厅级。扩权和高配，总体上起到了较好的作用，激发了县域发展活力，也有效地激励了县级党委书记的工作热情（王轶智，2012）。

二 逐步升格方案

方案第一步：根据一定条件（城市化率、GDP、财政收入等），对某些直管县（市）进行升格。首先，让直管县（市）争取升格权，可以根据各直管县（市）社会经济发展的具体情况设置标准和条件，让直管县（市）经过努力可以实现，经考核达到设定的副厅级标准后，升格为副厅级单元，拥有副处级及以下干部的任命权，再经过考核达到厅级标准后，升格为厅级单元，拥有正处级干部的任命权，逐步过渡到济源的职级水准。但成为高一级的行政单元，并不意味着所有干部都同时提高一级职级，而要根据每个干部的表现和具体条件决定提级状况。

方案第二步：根据一定条件，在已具有升格权的直管县（市），对具体干部进行考核。在没有条件组建高一级党委的时候，仍然由省级党委对县级干部进行管理。高一级党委组建完成，使其获得相应的干部管理权限，可以避免党委隔级管理干部的情况出现。

这种"两步走"的方案，在全部实现升职方面需要一段时间，可以给直管县（市）干部带来升级希望，但又不是马上增加干部职数，能避免与当前职数限制规定相冲突，把矛盾往后推一推。在没有形成新的行政队伍管理模式情况下，可以采取上述临时办法解决因职级设置造成的干部"出口"不畅问题。

这种方案的工资成本增加需要一个过渡期，从而减轻财政压力。滑县的正科级及以上干部有245名，若每年有约20%（约50名）干部获得晋升，职级差别工资约为每月 200 元，每年由此增加的行政成本为 12 万元，获得升格权 5 年后增加的行政成本将稳定在 60 万元左右。但由此释放的工作积极性将是巨大的，带来的经济效益也无法估量。

在没有升格的直管县（市），过渡办法是新设管理机构，如设立直管县（市）工作委员会，调整各县份机关单位的职数。过渡性质的直管县（市）工委可以配备副厅级干部，既领导解决临时出现的矛盾和问题，又为正处级干部升职预留岗位，暂时扩大干部向上流动的空间，与省级党委的管理权限进行无缝对接。

三　打通直管县（市）与省直厅局、省辖市干部的交流渠道

（一）打通直管县（市）与省直厅局的干部交流渠道

一是利用上挂下联措施突破工作性质差别较大的障碍。

解决办法是建立直管县（市）干部到省直厅局的挂职锻炼机制，通过培训、下派、上挂、交流和人才引进等方式，进一步深化人事管理体制改革，变静态管理为动态管理，提高干部队伍的整体素质。这样不但能突破工作习惯造成的障碍，而且可以给省直机关了解基层干部工作能力提供机会，为提拔合格人才创造条件。

建议省委尽快出台干部交流政策，各直管县（市）和省直厅局要严格执行领导干部交流的有关规定，让直管县

（市）干部有了解省级机关工作特点的机会。这种挂职锻炼不但能提高直管县（市）干部的工作能力，而且能使其充分了解指导性文件出台的整个过程，从一定的高度和全省的大局考虑问题，提高直管县（市）干部的综合管理素质。同时，省直机关干部也能与基层干部充分交流，听取基层干部的意见，提高政策文件的可操作性。省委可以制定机关干部与基层干部交流的实施细则，明确干部上下交流的经历在干部晋升中的必要性，特别是机关干部必须到基层一线接受锻炼，并将其作为选拔任用的必备条件；明确在同一个单位、部门，同一个岗位工作满一定年限的干部必须交流；明确不同层级干部的交流程序、范围、时限等，形成导向明确、易于操作、规范有序的制度体系，从源头上畅通交流渠道（胡赣江，2011）。

二是由省级党委对省直厅局干部调整政策做出明确规定，必须预留一定的职数给直管县（市），不然就不能通过干部调整方案。

在机关干部与基层干部交流中，要推进竞争性选拔常态化，进一步完善制度设计，使机关干部和基层干部享有公平参与的机会，除一些特殊岗位外，原则上可以降低门槛，最大限度地考虑到省直机关和直管县（市）符合条件的所有干部。探索建立各种载体，完善公推公派、公提公选、公推公选、竞争上岗等方式，最大限度地打破层级、系统壁垒，拓宽组织选人用人视野。

（二） 打通直管县（市）与原所属省辖市之间的交流渠道

一般认为有两种方法可以打通直管县（市）与原所属省辖市之间的干部交流渠道。一是省级党委规定，省辖市在干部调整时，必须预留一定比例的职数配给直管县（市）干部。但是，当直管县（市）的社会经济发展水平与省辖市的考核毫无关系时，这种规定会受到省辖市党委的抵制，影响省辖市内部干部的结构调整，即使被迫无奈必须预留职数，也只会提供非重要部门的职位，直管县（市）干部可能会受到排挤和歧视，这种不公平对待也会打击直管县（市）干部的工作积极性。二是将省辖市党委对所有处级干部的管理任命权收归省级党委。这会极大地削弱市级党委的管理权限，其对本市的处级干部不具有控制权，而科级干部又归处级党委管理，结果省辖市党委将不具备任何干部管理权，几乎失去了存在的意义。

可行的办法之一是加强直管县（市）和省辖市之间的合作。省直管县改革，使得直管县（市）与省辖市在隶属关系上发生了变化，但由于同在一个经济板块上，加上历史文化、社会生活的多方联系，还需要进一步合作才能实现共同发展。直管县（市）要勇于创新，尊重原来与省辖市的关系。省辖市还是一个区域的行政中心和经济中心，虽然直管县（市）和原所属省辖市之间关系没有原来密切了，但它们之间的关系是割裂不断的，这包括经济关系、商业关系、文化关系、人脉关系等，因而要让双方认识到干部交流能够加强彼此合作，对双方都有利。省里要出台直管县（市）与原所属省辖市合作的规范意见，强化直管县（市）与原所属省辖市之间的协调配合，重点加强土地利用和城乡规划、产业布局、基础设施建设、公共服务等方面的统筹协调，防止重复建设，促进市场要素的合理配置和自由流动，实现重大公共基础设施共建共享、优势互补、共同发展，构建互利共赢的新型市县关系（张占斌，2013）。

可行的办法之二是直管县（市）与原所属省辖市尝试建立跨行政区的公共服务体系。跨行政区划、跨行政层级的不同政府之间，可以形成自主治理的合作机制，也就是"复合行政"。"复合行政"把市管县体制弊端的解决路径从行政区划变革转向了政府关系调整，为深化省直管县改革提供了一种有启示的思路。

可行的办法之三是省级党委参与管理直管县（市）原所属省辖市的处级干部调整。这与只规定省辖市党委的配合政策和全面收回处级干部管理权有所不同。省级党委加大干部管理幅度，对省辖市所有副处级及以上干部进行任命，不但会极大地提高省级党委的工作量，而且会受到省辖市党委的抵触。具体做法是省委参与省辖市的处级干部调整，仍由县级党委负责考核本级干部的工作绩效和综合素质，拟出备选的干部提拔名单。当直管县（市）原所属省辖市调整副处级、处级干部时，由省级党委审批才能通过。对于重要岗位，省级党委可以直接安排已考核过的直管县（市）待提拔干部，让直管县（市）干部仍能在原所属省辖市范围内交流升职。在调研中，与直管县（市）干部讨论时发现，这种交流升职方式是最切实可行的，也是当地干部接受和认可的一种模式，这是因为直管县（市）干部对原所属省辖市的经济条件、地理环境、社会状况、区域文化是最熟悉的，他们愿意在这个"圈子"里施展抱负。

四　调整直管县（市）党委对干部的管理任命权限

当前的直管县（市）党委是处级配置，只具有科级干部的管理任命权限。如果其具有对本辖区副处级干部的管理任命权，那么就可以弥补副处级干部任命的管理空白了。这种直接扩大直管县（市）党委干部管理权限的方案，需要深入推进干部人事制度配套改革，在坚持党管干部原则下，以科学发展观为指导，不断解放思想，创新工作思路，建立健全科学的干部选拔任用机制。

当前，河南省干部工作中存在的种种问题，并不是省直管县改革本身造成的，而是原来的干部管理方法与新的形势、任务和情况不相适应造成的。原有的公务员管理体制不适应减少行政层级、市县并立行政体制改革的大方向，有些矛盾在新形势下更加凸显。相信以上一些短期解决方案，能够顺利实施并取得理想效果。

第六节 长期解决方案：职务与职级
并行和综合薪酬制

一 长期需要解决的问题

在当前的省直管县改革中出现的干部晋升渠道不畅问题，是当前的干部管理体制不符合职务能上能下、公务员队伍能进能出的要求造成的。所以，逐步改革现有的行政队伍管理模式，形成职务与级别脱钩的管理模式，使低职务高级别配置、高职务低级别配置成为一种常态，最终实现尽管职务、级别、薪酬相互联系，但不完全相互对应，应是大势所趋。

第一，原来的干部管理体制有效激励不足。公务员的待遇主要由工资和各种津贴、补贴构成，待遇又与职务和级别挂钩，职务和级别越高，其对应的待遇越高。没有职务和级别晋升也就没有待遇提高。因此，当晋升机会不多时，原来的干部管理体制就显得激励性不足。

第二，原来的干部管理体制导致基层公务员晋升空间不大。公务员所在机构的层级决定了干部职级的最高限，因此基层干部上升的空间就很有限。很多基层一线公务员所在机构本身的级别较低，这些公务员的职务层次相应也低，在其职业生涯中往往只有办事员与科员两个职务晋升渠道，若职务得不到提升，职级就不能提高。

第三，待遇无法与劳动贡献挂钩。我国目前所谓的工资与职务挂钩，是与行政级别挂钩，同一职务层次拿相同的报酬。依靠职务晋升来提高公务员的待遇，难以调动广大中低层公务员的积极性（许宝健，2012）。

河南省社会科学界联合会孟繁华同志在其主持的河南省社科规划决策咨询项目阶段性成果《关于"干部职务与职级并行制度"的调查与建议》中指出，党的十六大明确提出要"完善干部职务和职级相结合的制度"。"干部职务与职级并行制度"既符合中央有关文件精神和中原经济区建设需要，又是正确有效激励机制的最佳选择，是解决中原经济区建设中基层干部年龄老化与领导干部年龄断层问题的重要突破口。当前，河南省基层干部老化和干部年龄断层问题比较严重，在一定程度上制约了基层干部的工作积极性。为此，建议根据中央的有关文件精神，结合中原经济区建设实际需要，尽快实行"干部职务与职级并行制度"。

二　职务与职级并行、综合薪酬模式的界定和实施办法

（一）职务、职级、薪酬界定

职务，诸如副乡长、乡长、副县长、县长、副市长、市长等，只表明事务管理范围和权限，以及其所具有的责任和义务，其具体事务由岗位职责等明文规定，在行政管理方面可以由《行政法》确定。由谁任这些职务，要根据相关人员

当前的社会事务管理能力、管理热情、公众认可度等来确定，能干、想干且干得好的就上任，否则就退任。

职级，诸如科级、处级、厅级等，是对曾经具有的行政管理能力的确认，不是一旦拥有某种职级的能力，就马上可以升至某种职级，它还需要一定的确认程序和标准，包括担任上一个职级的年限、行政管理绩效等。

薪酬可以包括职务工资、级别工资和绩效工资等，建议职务工资和级别工资不高于总工资的50%。至于退休后的待遇，可以根据曾经担任的最高职务、曾经拥有的最高职级以及所缴纳的社会养老保险确定，社会保障部分应占较大比重。

（二）实施办法

1. 制订"干部职务与职级并行制度"实施方案

让符合条件的部分干部低职高配，职位不变而职级提升。比如，副县长职务可以由副处级、正处级甚至副厅级干部担任，这种弹性职级设置可以让部分表现优秀的干部获得较高职级。构建干部职务与职级的"双梯制"，根据德才表现和工作实绩完善职级晋升制度。建立职级管理制度，探索不同类型、不同层级机关的职级管理办法。在目前的制度环境下，可先行采取以下措施：研究调整职务与职级的对应关系，允许低职务人员晋升职级超过现对应最高职级，加大职务对应职级的交叉幅度，进一步加大低职务人员的职级晋升空间。

根据个人的条件来确定职级，每个人达到一定的条件和资格，通过了一定的程序就可以晋升，可以不受职数限制，不搞全国统一的晋级。至于多少年具备晋级的资格，主要根据职级层数和公务员职业生涯设计来进一步测算。根据干部的德才表现来综合考虑职级，是下一步建立职务与职级并行工资制度的关键。在职务晋升之外，为普通公务员开辟一条职级晋升的"绿色通道"，让公务员在"升官无望"后，同样可以通过出色的工作享受较高的职级待遇。

2. 将职级与部分待遇有条件挂钩

推进公务员工资制度改革，明确实行职级与工资待遇适当挂钩，增强职级在工资分配中的激励作用，使基层公务员在职务晋升受限制的情况下也能通过晋升职级提高待遇。例如，可将任职时间较长、工资级别较高者先行提高到上一职级，提高其相应待遇。

职级的功能主要体现在与有关待遇（包括经济、政治待遇等）的联系上。据有关研究，职级与待遇挂钩可划分三种模式：一是工资待遇模式，即职级是公务员的工资等级，其功能主要在工资中体现，不反映在行政级别和其他待遇方面。可以在工资中增加职级因素的比重，或者将职级工资作为工资的主体部分。二是经济待遇模式，即职级的功能不仅在工资中体现，而且在其他经济分配领域体现，成为物质分配的主要依据。住房、医疗及各种津补贴等，以职级为基础进行分配，可以大大增强职级的功能，改变完全按职务进行分配的模式，从而形成新的激励导向。但职级的确定和晋升，要有更严格的条件，不能简单地以工作年限为依据，否则将助长人们熬年头，不思进取。三是所有待遇模式，即职级的功能不仅体现在经济待遇的分配上，而且表现在政治待遇领域，如公务员的荣誉等级评价等。职级成为干部管理的基础，体现在干部管理的各个环节和方面，成为干部身份地位的基本标准（岳颖，2011）。

建议采用经济待遇模式，让职级只与经济待遇挂钩，而让职务与政治待遇挂钩，这是因为职务与管理权责密切相关，政治待遇与职务相联系有利于行政管理事务的运行。将职级与职务一起作为干部管理的基本要素，将对干部人事制度改革产生重大影响，改革的力度大、设计好，可以从根本上解决我国干部人事制度中的一些重点和难点问题。

三 实施中可能遇到的问题及对策

第一，需要重新分配职数和级别编制。2014 年 12 月 2 日召开的中央全面深化改革领导小组第七次会议指出："县以下机关建立公务员职务与职级并行制度。"这为解决该问题打开了一个突破口，中央可以只限制职数，而放开对职级的管理。事实上，河南省省直机关和许多省辖市都有类似政策正在执行，如省直机关 10 年以上工作年限正处级领导职务提升为副巡视员和许多省辖市 10 年（或 8 年）以上工作年限副处级领导职务提升为调研员等，都探索了许多"干部职务与职级并行制度"的不同实现路径，为在全省实行"干部职务与职级并行制度"积累了宝贵经验（河南省社会科学界联合会课题组，2013）。

第二，县乡级财政压力较大。经测算，改革后一个县份增加的财政支出每年大约为20万元，但其带来的激励作用很明显。基层公务员为了提高职级，必将兢兢业业，不敢损公枉法，再加上其努力工作为地方社会经济发展带来的经济效益，必能完全弥补增加的财政支出。在改革初期，可以由省政府转移支付承担这部分支出（王姝、贾世煜，2014）。

第三，公务员考核机制不完善。依法管理是解决这个问题的首选，依法对干部晋升进行管理，使干部人事制度改革成果法制化，本质上是党管干部工作规范化的实现方式，是依法治国的重要组成部分。

四 实施职务与职级并行模式的现实意义

第一，消除"官大一级压死人"的观念。职务只是代表《行政法》中规定的管理权限，每个人只要做好自己的工作、配合好别人的工作就行。第二，消除行政官员神秘、神圣、权力过大的问题。行政官员和农民、工人一样，只是工作的性质不同，他们做的是社会公共管理事务。第三，在县市并立中，县级干部如县长既有副厅级、厅级的，又有副处级、处级的，看来毫无规则，这将成为人们认可的一种常态。第四，为干部能者上扫除障碍。当其能力达到管理较大区域范围的水平时，即使某些干部还没有较高职级，也能上任。第五，使干部在原职务上提升职级成为可能。有的干部愿意在某个职位奋斗一生，可往往无法提高职级，这种模式可以解决这个问题。第六，改变工资完全由职级决定的僵化管理模式，多种形式能够提高德高望重老干部的生活待遇，同时也能解决退休老干部的待遇问题。

第七节　干部晋升方案的辅助手段

垂直晋升渠道和横向交流渠道都被堵塞，将会在很大程度上打击干部工作的积极性，而一些辅助手段可以缓解干部晋升交流的压力。

（一）加强思想政治教育，端正为官目的

"为官一任，造福一方"，是做官应追求的真正目的。要改变官员只升不降的习惯意识以及唯升官论英雄的错误思维，做群众认可的官员，并能做到急流勇退，留给年轻人更大的表现自己的舞台。端正干部的为官目的，可以大大抑制抱怨情绪的蔓延，打造风清气正、干劲十足的直管县（市）干部队伍。

在当前的社会转型期和社会大变革时期，少数干部在自己的预期目标不能实现时，便心态失衡，有些干部办事注重功利，从不考虑大局。此时，思想教育工作就显得尤为重要。通过思想政治工作调适干部的心理问题，帮助干部弄清产生思想问题的主客观原因，清除他们的不满情绪。在此基础上，

引导干部端正态度，为省直管县改革大局做出贡献。

另外，还要引导基层干部加强学习，学以立德、学以增智，使自己的行为方式更合乎社会要求，不断调整自己的心态，面对现实，客观地评价事情、评价自己，在积极向上，努力进取的同时，拥有一颗坦然面对成功与失败的平常心。

（二）完善绩效考核机制

完善绩效考核机制，提高干部任用和晋升的科学性，全面、客观、准确地评价公务员的绩效，根据岗位责任要求，对不同职务、不同职级的公务员提出不同的考核要求和标准。以绩效为主要依据，进行科学的职务和职级晋升管理。考核作为公务员管理的基础性工作，是其他管理环节的基础，应建立健全公务员考核结果的使用机制，考核与公务员其他管理紧密结合，使公务员切实感受到考核的激励作用。

（三）充分利用荣誉激励手段

对于品德高尚、工作积极、方法得当、政绩突出的干部，各级党委、政府应联合颁发各种荣誉，对这些干部给予关怀和认可。对于长期在基层工作、愿意永远在基层做贡献的干部，相关部门也应进行荣誉激励。各级党委、政府要树榜样、抓典型，定期给予通报表扬和专门宣传，传递正向感染力。各级党委要建立符合科学发展观要求的干部考核评价体系及评价办法，全面、客观、公正地评价干部的业绩，让那些德才兼备、业绩突出、群众认可的干部获得相应的荣誉。

（四）充分利用奖励性薪酬

对于在基层工作，由于多种原因无法正常晋升的干部，要想办法提高他们的工资待遇，让他们的收获和奉献成正比。可以发放与工作年限、工作绩效、人民满意度相联系的奖励性薪酬，弥补基层公务员过低的工资，让真正脚踏实地为人民服务的干部得到应有的回报。

（五）提高省级党政机关的工作能力和工作效率

省直管县改革对省级党政机关的领导力和执行力提出了很高的要求。在干部管理上，组织人事部门考察干部要全面深入，敢于反映真实情况，自觉抵制违反党的干部工作原则的行为，以坚强的党性、优良的作风为党和人民把好选人用人关。在政务管理方面，尽管交通日益发达、信息化愈加发展，但当前的管理体制和干部力量仍面临重大考验。在省直管县改革面前，省级政府也要面临体制转型、权力下放、加强监督监控和宏观指导等新任务，提升自身素质也是大势所趋。

小　结

河南省的省直管县改革，对干部的考核、晋升、任命和交流等干部管理方式进行了调整，这些举措将深刻地影响直管县（市）各级干部的未来。从调研中发现，省直管县改革所带来的干部管理问题主要表现在三个方面：一是干部隔级管理问题；二是晋升渠道不畅问题；三是交流渠道堵塞问题。这些问题已经给直管县（市）干部的工作积极性带来了很大影响，可能会影响省直管县改革的整体效果。

在结合已出台的直管县（市）干部管理方案的基础上，河南省可以从晋升模式、交流渠道、党委管理权限等几个方面同时推出干部管理配套政策，形成一套整体方案，切实解决直管县（市）干部所反映的晋升难、交流难问题。

一是直管县（市）党委管理权限的变更。直管县（市）党委、人大、政府、政协正职仍由省委管理，在省委组织部指导下，赋予直管县（市）党委任命和考核副处级干部的权力。为了赋予直管县（市）党委这种管理资格，首先可以对党委班子成员进行调整，一种方法是省委选派厅级干部担任直管县（市）党委书记；另一种方法是由省委选派直管县（市）工作委员会成员加入直管县（市）党委班子。

二是在直管县（市）和原所属省辖市范围内，共用处级职数，统一利用腾出的空缺处级岗位。在省委组织部直管县（市）干部管理部门牵头下，由省辖市党委和直管县（市）党委共同形成干部调整方案，包括拟提拔的科级、副处级干部名单和拟委任的职位。

三是由省委或省委组织部对干部调整方案进行审核批复。直管县（市）之间的干部交流以及直管县（市）与省直厅局之间的干部交流可以按照批复的方案执行。同时做好职位与职级并行、职级与待遇挂钩的试点工作。

河南省的省直管县干部晋升渠道不畅、交流渠道堵塞只是某些配套措施暂未完全跟进造成的，只是改革中暂时出现的问题，不影响省直管县改革的总体前进方向。经过干部管理模式的调整，这些问题必将迎刃而解，使省直管县改革的红利更充分地释放出来。

（执笔：谢周亮）

参考文献

张占斌：《省直管县改革新试点：省内单列与全面直管》，《中国行政管理》2013 年第 3 期。

徐晨光、王海峰：《中央与地方关系视阈下地方政府治理模式重塑的政治逻辑》，《政治学研究》2013 年第 4 期。

王轶智：《省直管县（市）该怎么改》，《中国发展观察》2012 年第 12 期。

许宝健：《加快推进公务员职务与级别并行制度》，《中国经济时报》2012 年 6 月 12 日。

岳颖：《关于健全公务员职务与职级并行制度的思考》，《公务员管理》2011 年 1 月号。

庞明礼、张东方：《省直管县体制改革的制度设计研究》，《北京行政学院学报》2013 年第 1 期。

中共四川广安市委组织部课题组：《基层领导干部心理健康问题的成因及治理建议》，《领导科学》2010 年第 30 期。

胡颖、廉叶岚：《大数据解读真实基层公务员》，《瞭望》2014 年 4 月 14 日。

山东省编办课题组：《山东省省直管县体制改革探析》，《中国行政管理》2013 年第 4 期。

胡赣江：《畅通机关与基层干部交流渠道的思考》，http：//theory.people.com.cn/GB/15536257.html，2011 年 8 月。

河南省社会科学界联合会课题组：《关于实行"干部职务与职级并行制度"的调查与建议》，《领导科学》2013 年第 34 期。

王姝、贾世煜：《公务员职级改革存多个难题 数省欲推进未落地》，《新京报》2014 年 12 月 11 日。

第五章　河南省省直管县行政
事务问题研究

　　根据《河南省深化省直管县体制改革实施意见》，2014年1月1日，河南省10个试点县（市）实行全面省直管，县（市）党委、人大、政府、政协、法院和检察院、群团组织直接接受省对应部门领导或者指导。全面直管以来，各直管县（市）充分发挥了省直管的体制优越性，行政效能提高，经济运行态势向好。课题组通过实地调研，确能证明这一利好形势。体制的积极效应具体体现为以三个方面：第一，上级拨付资金直接到县级，减少了省辖市这一中间环节，防止了资金的层级性截留，保证了资金用到县域发展，提高了资金利用率。第二，项目审批时间缩短，行政效率提高。需要省批的项目，不需要省辖市审核，直接上报相关省直厅局；原来省辖市承担的项目审批权，直接由县（市）托管，县级政府原来几乎没有项目审批权，现在70%的省批和市批项目在县级审批，节约了大量的时间和运行费用。第三，县级干部队伍素质提高。为与省直厅局顺利对接，干部队伍主动学习业务，提升业务能力，工作标准提高，工作流程更加规范。总之，行政审批层次减少，资金拨付及政策信息获取环节靠前，上级指导更方便，县域自我发展意识提高，主动立项项目增多，促进了县域经济发展和社会稳定。

但在调研过程中，直管县（市）针对机构设置及运行负担也提出了一些问题。问题主要表现在直管县（市）政府职能部门内设机构与省政府内设机构不对接、县与省职能机构间职级差距大、基础设施和公共服务技术平台建设压力大三个方面。这三个方面的问题既反映了县级政府角色转型压力大，又反映了直管县（市）与原省辖市的关系重塑压力大。首先，省直管后，县级政府承担了原来省辖市的某些决策和监管任务，由执行型政府转化为兼具决策及监管责任的政府，角色转型压力短期内突出。其次，由于隔断了与原省辖市共享某些公共资源的制度联系，县级政府公共服务供给负担增大，独立承担了城市基础设施建设和公共服务技术平台建设职责。因此，解决省直管县出现的问题，关键在于促进县级政府角色转型，强化决策和监管责任的履行能力，明晰县级政府职权范围，探索市县并立的运行机制，并以此为契机确定各级政府事权划分的基本框架，建立公共资源共享机制。

如何设置机构，主要取决于其承担的职能和要完成的任务，职能和任务性质决定机构工作方式。因此，县级政府目前在机构设置上表现的问题与县级政府承担事权的变化紧密相关。省直管后，相关县（市）新增603项经济社会管理权限，其中80%是审批权、审核权、资格认定权、标准制定权、平台建设权，15%是申报权，5%是其他权限，比如本地法治、民族事务管理。调研发现，直管县（市）大多数干部反映迫切需要提高对上级政策的理解能力，强化对县域本行业发展的宏观规划能力，需要省直厅局下派业务骨干指导县域做规划，这都不同程度地反映了县级政府直管后职能转型的压力。603项经济社会管理权限的下放迫使县级政府机构职能转型，这一隐性压力在下放权限量的扩展下更加突出。

第一节　直管县（市）机构设置和运行负担存在的问题①

一　直管县（市）政府职能部门内设机构与省直厅局内设部门不对接

直管县（市）目前的政府机构设置框架是2010年机构改革时搭建的，2012年底中央核编统计后，各级政府机构和编制被冻结，一切改革均在不突破机构数额和人员编制数两条红线的基础上进行。所以，2014年省直管后，县级政府机构数量、机构规格和编制均没有变化，与省直部门的设置存在较大差异，此差异在人大、政协系统也有所表现。

---

① 资料来源于课题组调研。

县级政府职能部门内设机构偏少，通常部门内部的一个股室对应 3~4 个省直厅局的 5~6 个处室，这一内设机构对应状态会导致一个股室工作人员同时参加多个省直厅局的业务会议，当然，也面临同时执行来自多个省直厅局的工作任务。例如，一个县（市）的财政局 14 个内设机构对应省财政厅的 36 个处室，环保局 4 个内设机构对应省环保厅 15 个处室，人社局 10 个内设机构对应省人社厅 27 个处室，民政局 8 个内设机构对应省民政厅 14 个处室，发改委 7 个内设机构对应省发改委 38 个处室。这一现象在人大、政协、政法部门也存在，如县（市）人大 8 个内设机构对应省人大 31 个处室及委员会。尽管不同直管县（市）部门的设置稍有差异，但问题具有共性，普遍反映内设机构偏少，"以少对多"难以应付。

同时，直管后，省与县（市）之间实现工作内容直接对接，原属于省辖市的行政审批权限、经济社会管理权限直接下放到县级。截至 2014 年 5 月，河南省共下放 603 项经济社会管理权限给县级政府，其中绝大多数权限已经基本落实，县级政府工作任务增加，但是编制太少。

永城市共有行政机构 41 个（不含刚下放的工商、质监部门和使用政法专项编制的公检法司部门），其中政府工作部门 25 个，行政编制 701 名，专项政法编制 1000 名，其中公安系统编制 657 名，编制多的局委有 20 多名，少的只有 4 名。市直事业单位近 300 个，只有事业编制不到 4000 名，平均每个事业单位的编制仅约 13 名。滑县行政编制共 2234 名，其中政法专项编制 735 名，乡镇编制 756 名（22 个乡镇），县直编制 743 名（25 个政府组成部门）。事业编制全县共 20800 名，其中全供 16200 名、差供 3100 名（卫生系统）、自收自支 1500 名。全县万人事业编制 140 名，全省平均为 199 名，低于全省平均数。巩义市为 2010 年数据，直管以来编制没有任何变化。

三个直管县（市）参加座谈的职能部门负责人普遍反映，中央、省级行政审批权限的不断下放，使县级部门的任务量增大，但行政、事业编制没有随之相应增加，与其所承担的职能、任务不符，既然直管后各部门的任务增加了，编制应该相应调整，如果编制总量不相应增加，县（市）在既定总量内调整各部门的具体编制是很困难的。

除此之外，直管县（市）的机构数量也与省里不一致。仅就政府组成机构而言，永城、滑县、巩义三个县（市）的调研数据显示，永城市政府工作部门有 25 个（不含刚下放的工商、质监部门和公检法司部门）；滑县有 25 个；巩义市原有政府工作部门 24 个，加上管理权限下放到县级的工商、质监部门，应为 26 个，省里批准的机构数量是 25 个，巩义市经过自我调整后达到核编标准。2010 年机构改革以前，各个县（市）的机构设置数不一致，25 个政府工作部门都是在 2010 年"三定方案"严格控制下调整的结果。河南省政府工作部门为 24 个，但是还有 1 个特设机构、16 个直属机构、8

个部门管理机构，总体数量为 49 个。当然，根据《地方各级人民政府机构设置和编制管理条例》，机构编制工作实行中央统一领导、地方分级管理的体制，行政机构严格按照行政层级设置，县与省之间部门设置存在较大差异是制度性调整的结果，但是省直管县后，去掉了市级政府的过渡性作用，省县差异凸显。由原市级政府承担的责任和职能全部转由县级政府承担，使后者任务加大，短期内不适应，原有的体制内问题随着体制改革成为"显性问题"。

二 省县政府职能机构职级差别较大

职级差别由机构级别造成，机构级别能明确指挥和被指挥关系，明确行政决策的效力关系，明确行政隶属关系。目前，我国行政机关中的最高机关是国务院，以下依次为部级、副部级、司局级、副司局级、处级、科级。中国共产党、人民代表大会、政治协商会议的各级组织机构的级别与政府系统的机构级别相对应。事业机构作为社会服务单位，相互之间没有领导关系，不应该确定行政级别，但由于受现行工资制度、干部制度影响，许多机构套用了行政级别。省直管县改革是在不提升县级政府机构级别的情况下进行的，没有了中间的市级政府机构级别后，县与省之间的机构级别差距更显突兀，县级部门与省级部门之间交流存在一定困难，县级政府及职能部门工作人员普遍感觉交流不自信、不透彻。同时，上级资源（包括资金、信息）相对稀缺，下级获取上级资源时处于竞争态势，由于职级差别的存在，县级机构与省辖市机构相比，在获取省级资源时处于弱势地位。

三 基础设施和公共服务技术平台建设压力大

目前，县级政府的公共服务内容主要包括两项：一是本城区内的城市功能完善，包括基础设施建设和公共服务供给；二是县域内农村地区的基础设施建设和公共服务提供，县级政府基本上仍然是广大农村地区公共服务供给的关键一级政府。这两项公共服务内容的具体责任分工在各级政府间一直不明确，基本上实行"因事分工、项目分责"的解决办法。这主要是由于我国各级政府间的事权分工没有中央法规和其他正式法规规定。按照事权分割的基本惯例，公共服务的责任划分依据行政区划边界，一级地方政府全部承担本管辖区域内的公共服务供给。省直管县改革后，省辖市撤出了对县域公共服务供给的所有责任，将责任"打包"转移给县级政府，原来与省辖市共享的某些公共服务平台也由于行政上的独立被隔断，县级政府不仅要提供公共服务，而且要重建支撑公共服务供给的平台。

综上所述，省直管县后的问题核心是"角色转型压力、公共服务供给责任加大"，因而应该剖析直管后县级政府的压力所在、压力来源、事权构成、事权性质。事权是一个反映政府职责结构的标尺，各级政府应该承担哪些事权？政府间事权划分的依据是什么？为什么体制上的直管就一定伴随着"责任打包"？哪些责任和事权是可以留在原省辖市的，哪些责任是可以市县共担的，甚至可以全省统筹的？只有分析清楚这些问题之间的逻辑关系，才能为缓解直管县（市）机构设置和运行负担问题提供有益的思路。

第二节　直管县（市）运行负担

一　县级政府公共服务供给负担加大

2014 年全面直管后，直管县（市）与原所属省辖市之间的联系全部中断，导致原来由省辖市提供给直管县（市）的财政拨款和公共服务终止，全部由直管县（市）自己负担。在增加的公共服务类型中，有些是县级政府通过自身努力应该供给，也能够不同水平供给的；有些是县级政府无力供给，也不必要花费巨额财政经费供给的，此部分公共服务可以让直管县（市）与原所属省辖市共同供给，甚至全省统筹供给，以免资源浪费。总之，县级政府公共服务供给负担加重的主要原因有以下几个。

1. 原省辖市财政支持消失

原省辖市财政支持主要体现在县级特色项目发展、市政工程建设或国家项目资金配套、社保类资金收支差补等方面。根据政府应该承担的四大职能——宏观调控、市场监管、公共服务、社会管理，县级政府相对于中央政府和省级政府而言，职能更多地体现在公共服务和社会管理方面。随着政府职能转型改革和职能结构性调整，地方政府公共服务职能和社会管理职能日益凸显，为此两项职能运行给予的财政预算和财政支出占 GDP 比重日益升高，地方政府的压力也相应增大。

在市管县体制下，市级财政有一定统筹能力，对地域范围大、经济状况好的市而言，统筹能力更强，对下辖县（市）的财政拨付力度及支持力度都较大，比如安阳市对滑县的支持。滑县是农业大县，安阳市政府为照顾农业大县的发展，每年给滑县设立农业发展项目资金，额度为 30 万元左右。省直管后，这类资金原省辖市不再拨付，省级政府也没有义务拨付，有些直管县（市）为了稳定起见，由本级财政承担。

市政工程建设及国家项目配套资金压力大。直管县（市）的发展定位是地区副中心城市，对周边县（市）、乡要有一定的辐射能力和带动能力，每个县（市）的规划人口规模基本上在 60 万以上，直管县（市）的经济发展任务和城市功能建设任务集中增多。城市道路建设、城市交通维护、环境整治、图书馆等市政工程建设，原来省辖市财政承担主要责任，现在全部由县级财政承担。国家项目支持市政建设的项目，一般要求地方财政配套，市管县体制下配套责任主要在省辖市，现在配套责任也转由直管县（市）承担。市政工程项目一般消耗资金巨大，建设周期长，属于纯投资性公益类项目，国家财政虽有支持，但是要求地方财政配套比例高，有时甚至 3 倍于国家项目配套资金，没有了省辖市的财政分担，县级财政压力确实较大。调查数据显示，一个 4900 万元的国家支持项目，需要县级财政配套 1.5 亿元。

社保类资金收支差补压力大。按照国家政策，社会保障资金要求收支平衡，在遵循国家规定最低标准基础上，地方政府对本地的征收标准及发放标准有调控权，在实际操作过程中，征收额与支出额之间存在较大缺口。比如，企业养老保险金个人征收标准较低、发放标准较高，对一些原来国有企业比较多的县（市）来说，企业退休职工人数多，支出压力大。例如，滑县 2014 年预算发放企业养老保险金 2.6 亿元，预算征收 1.4 亿元，截至 2014 年 11 月底征收了 1.2 亿元，实际征收额与核定预算征收额差 2000 万元，与预算支出额差 1.4 亿元。在原来市管县体制下，企业养老保险金由省辖市统一征收和发放，省辖市承担收支差额的 20%，省级以上政府承担收支差额的 80%。省直管后，企业养老保险金征收与发放全由县级政府社保部门管理，收支差额转由县级财政补齐，县级财政压力增大。

2. 信访稳定任务增加

省直管后，县级政府普遍感觉信访稳定压力增大，不是因为社会矛盾和治安任务绝对量增加，主要是由于县级政府脱离原有稳定责任体系之后，省辖市不再承担县域内的稳定和治安责任，县级政府必须直面并独立解决信访和治安事件，责任短时间内增大。在市管县体制下，省辖市充当了上访"防护墙"的角色，县域内的上访事件如果在本县（市）得不到解决，相关人员会上访到省辖市，省辖市会尽最大努力帮助县级政府解决问题，使上访终止在市级。省直管后，省辖市这道"防护墙"消失，县域的上访事件如果在本县（市）内得不到解决，相关人员便会直接上访到省级政府，而上访量又是省级政府对直管县（市）考核的指标之一，使直管县（市）的信访管理压力急剧增加。

省直管后，省辖市不再承担直管县（市）的社会治安稳定责任。县域群体性事件的应急处理、社会治安稳定全由县级公安系统负责，但是县级警力有限。我国的机构设置和人事编制基本上按照行政层级核定，公检法司部门也遵循这一原则，县级警力远远低于市级警力。公检法司采用专项编制，调研数据显示，每个直管县（市）的警力编制平均为600人左右，每个乡镇或社区警力均值为20人左右，分布分散，一旦发生群体性事件或者有戒严任务，警力调集非常不方便，耗时长。就县级政府目前的警力而言，维持日常治安问题已经相当困难，群体性事件的预防和处置能力几乎不具备，隐患很大。

3. 公共服务技术平台重建压力巨大

公共服务技术平台意指那些地方政府在履行职能过程中不得不依赖的信息收集、分析、处理平台和技术性检测检验平台。随着社会经济的飞速发展及科技水平的提高，社会事务及社会行动中包含的科技因素日益增多，政府职能部门为了应对管理的复杂性，需要专业化技术手段作为支撑。目前，各职能部门基本上都有支撑本系统管理的技术服务平台，比如公共卫生领域的疫病预防控制中心、医疗卫生领域的技术支撑体系、民政领域的社会救助体系、农业领域的检测技术平台、环境领域的环评检测技术平台、质量监管领域的监测体系、金融领域的技术平台以及公安领域公共服务技术平台和数据分析平台等。公共服务平台已经成为政府机构履行职能的内在构成部分，但也构成了影响政府公共服务水平的要素之一（经济合作与发展组织，2004）。公共服务平台具有投资大、服务地域广、资源信息整合性强等特点，其建设一般要求标准比较高，并且需要随着社会经济的发展不断更新，属于投资规模较大的资源密集型建设项目。在市管县体制下，这些公共服务技术平台都建在省辖市，按照市级行政区划辐射到下辖各县（市），县域内基本上没有建设。

省直管后，原省辖市的公共服务技术平台不再与直管县（市）共享，直管县（市）为了尽快与省级相关部门对接工作，必须按照省级相关部门技术服务平台要求重新建设多个平台，此项投资数额巨大。依据调查信息测算，县级公安部门公共服务平台建设需要财政支出3000多万元，政府办公系统技术对应平台建设需要财政支出500多万元，基本环境监测技术平台建设需要财政支出300多万元，整体核算大概需要覆盖30个不同类型的技术平台，投资额从几十万元到几千万元不等，所以，县级公共服务技术平台重建压力巨大。

二 县级政府决策及监管类事权增多

行政事务分为行政决策、行政执行和行政监管，县级政府原来的职能重在执行，决策和监管职能弱化。

客观上讲，2011 年，河南省赋予了直管县（市）603 项经济社会管理权限，由县级政府 40 个工作部门相应承接（见表 5 - 1），县级政府任务量增加，压力肯定存在。如果仅仅是工作量的问题，可以一定程度上通过技术手段和必要的投入逐步解决，但目前直管县（市）面临的压力主要是县级政府由执行型政府向决策型政府转型带来的工作方式和工作思路上的不适应。

表 5 - 1　603 项经济社会管理权限类型及分布

序号	权限类型	权限数（项）	涉及部门
1	基础设施项目核准、项目申报、项目法人确定、项目审批、资格认证、价格申报	65	发改部门
2	申报权、审核权	5	教育部门
3	科技项目推荐、申报、成果鉴定	5	科学技术部门
4	项目申报、初审、审批审核	29	工业和信息化部门
5	申报、备案、审核、初审	5	民族事务部门
6	户籍变更、刑事案件管理、平台建设、审核、签注、许可证颁发	43	公安部门
7	标准制定、政策制定、项目机构审批审核、技术评估、资格认定	22	民政部门
8	检查、审批、评估、机构初审	19	司法部门
9	资格证颁发、审核、标准制定	5	财政部门

续表

序号	权限类型	权限数（项）	涉及部门
10	审批、许可、审核	20	人社部门
11	审批、审核、标准制定、登记管理	30	国土资源部门
12	审批、验收、许可	20	环保部门
13	初审、审批、日常管理	20	住房和城乡建设部门
14	许可、审批、核定、招投标、初审、申报	41	交通运输部门
15	审批	6	水利部门
16	证书颁发、初审	11	农业部门
17	证书颁发、初审	14	林业部门
18	监管、核准、初审、审批、许可	22	商务部门
19	初审、认定、审核	25	文化部门
20	许可、验收、考评、审核、审批、培训、基金管理、方案编制	28	卫生部门
21	审批、鉴定	7	计生部门
22	减免税初审、备案	10	地方税务部门
23	监督、登记、初审	6	工商部门
24	证书颁发、考核、初审、监督管理	26	质监部门
25	审批、审核	18	广电部门
26	审批、审核、备案	14	新闻出版部门
27	审批、审核、备案	5	体育部门
28	评定、监管、初审	14	旅游部门
29	审核	2	粮食部门
30	审批	2	统计部门
31	预审、审核、监督管理、事故调查	14	安全生产监管部门
32	审批、标准制定	9	人民防空部门
33	许可、注册、审批、处罚	22	食品药品监管部门
34	审批、审核、GSP认证	6	畜牧部门
35	核准、初审	3	国防科技工业部门
36	发证、注册、审验	4	农业机械管理部门

序号	权限类型	权限数（项）	涉及部门
37	规范文件备案	1	法制部门
38	授权性审计	1	审计部门
39	初审、申请	3	外事侨务部门
40	处置非法集资工作属地管理	1	金融服务部门

资料来源：根据 2011 年河南省人民政府办公厅《关于印发赋予试点县（市）经济社会管理权限目录的通知》整理。

新增权限表现了以下特征：第一，新增权限多为审批权、许可权、监督权。监管与审批不仅需要县级管理部门对法律、法规、政策有较强的理解和把握能力，而且需要技术平台支撑，这些工作相对于以前单纯执行上级命令而言，责任和风险都比较大。第二，涉及领域广，部门不均衡。这些新增权限涉及 40 个部门，权限数量在部门中分布不均衡，有的部门新增权限很多，一时难以适应。例如，发改部门新增权限 65 项，公安部门新增 43 项，交通运输部门新增 41 项，国土资源部门新增 30 项，工业和信息化部门新增 29 项。第三，以前的弱势部门权限增幅大。例如，文化、旅游、农业、林业、新闻出版和广电等部门编制较少，面临大幅增加的权限，工作压力难以适应。

在我国的行政管理体制中，县级政府处于我国公共政策执行链条中的靠后环节，其主要职责是保证中央及上级政策在本区域内落实，接受上级检查。即使《宪法》规定县级政府享有制定适应本区发展规划和政策的权限，但也需要在中央及上级政策约束下进行，县级政府的工作主要是把上级决策具体化、操作化。为了保证执行全国性政策，我国建立了一个广泛的权力和职责授权框架（世界银行东亚与太平洋地区，2008）。中央将权限授予省级政府，依靠省级政府履行职责。随后，省级政府授权给地市级政府，依靠它们履行自身分配的职责，这样依次按照等级向下授权。在这个政策逐级下行的链条中，省级政府和市级政府属于管理政府的政府，不直接管理具体经济社会事务，到县级政府才真正管理具体事务，省级及市级政府将中央的宏观决策逐级分解后，将具体事务直接以命令的形式传达到县级政府，由县级政府具体落实，县级政府就具体操作中遇到的问题向市级政府反馈，咨询解决方案。总之，在整个政策传导链条中，县级政府几乎不使用决策权，只要按照市级政府分配的任务及分解后的条件落实即可。省直管后，县级政府直接面对省级政府，省级政府的角色及职能没有变化，它仍将权限授予市级和县级政府，但是县级政府的角色发生了变化，它必须承担原来市级政府替县级政府做决策的职能，县级政府在新的行政层级中，接受的不再只是具体任务，还需要依据县域情况进行再决策。

省直管后，随着身份角色的变化，县级政府的行政决策和监管职能日益凸显。但是，目前县级政府的机构设置是按照执行型政府职能设置的，二级机构庞大，行政管理人员少，决策、监管以及与省级政府相关部门的沟通协调，需要更多的行政管理人员承担。

三 干部素质不能快速适应直管要求，使运行负担更突出

干部素质不能快速适应直管要求主要体现在以下两个方面。

（1）履职能力低。县级政府新增许多权限，现有干部队伍面对新增职能，存在缺乏历练、知识储备欠缺及资质不够等一系列问题。工作与省级政府相关部门对接属于程序调整，可以在规定期限内完成，其中人的能力起主要作用，如果人的能力达不到要求，短期内就较难一步到位达到直管县（市）的工作要求。部分职能部门，尤其是像农业、卫生、环保、教育等部门，直管后需要直接与省级相关部门对接，这些工作内容原来由市级相关部门承担，县级业务部门没有履行过此类职能，要达到相应的工作标准，直管县（市）职能部门从业人员需要跳出县域局限，立足全省乃至全国，把握相关领域的监管和发展政策。这不但要求公务人员具备较高的政治和业务素质，而且需要具备对政策的宏观把握能力。

（2）结构不合理。县级政府所在区域基础设施落后，工资待遇较低，很难吸引高层次、高学历、年轻的专业性人才，导致干部队伍结构不合理，普遍存在年龄偏大、知识老化、技术力量不足等问题。省直管后，许多新增权限涉及专业人才、专家队伍、机构资质的配套，业务量增加也相应要求干部有精力保障。现有的干部队伍结构很难适应直管后的新形势和新机遇。

第三节　化解机构设置及运行负担的措施

一　明晰县级政府事权范围，建立资源共享机制

综观社会现代化在行政区划上的体现，有两个趋势：一是区域单元独立，享有高度自主权；二是区域协作，一体化趋势加强。这是现代化进程中两个并行不悖的趋势，既有独立竞争，又有合作共赢。省直管县改革的目的是发展县域经济，突出县级政府的公共服务职能，把直管县（市）建设成具有区域带动作用的副中心城市。由直管赋予县级政府的各项权限应该有利于其释放体制活力，而不能转化为发展负担。

由于我国政府层级之间的职责具有同构性，地方政府基本上复制了中央政府的大部分职能，如教育、科技、交通、公共卫生、消防、治安、住房、农业水利、社会保障等职能，这些职能在省级以下地方政府间更是没有功能性分工。另外，我国的治理结构相对集中，政府掌握着社会发展资源，且各级政府资源占有量和占有水平与行政级别高度相关，县级政府的资源占有和供给水平比市级政府低，市级政府的资源占有和供给水平比省级政府低。省直管后，县域内所有的基础设施、治安、消防、医疗卫生、工业信息、农业水利、教育等，包括公共服务技术平台，都要由县级政府供给，使县级政府的治理成本增加、发展负担加重。

不同级别的政府应该承担哪些事权，不同国家有不同的表现形式，并没有明确的标准。美国的州政府职能比较宽泛，涉及公共卫生、教育、公共福利、镇压及公共安全、公共工程、农业、自然资源保护、州内交通、州内通信、劳资纠纷等方面；市政府职能主要涉及饮水供应、公共卫生、管理公路、公共安全、消防、教育、福利、计划、娱乐、公用事业、公共工程的管理等；县级政府除了协助州政府执行某些职责（如人口登记、土地登记、维修公路等）外，也承担一些市政府的职能，如提供公共卫生服务、设立医院、建立排污系统、执行福利计划；社区、乡镇政府是同级政府，主要职能为维修道路、装设街灯、供应饮水、配备警察和消防、制定地方卫生条例、处理垃圾等。英国的郡政府主要负责编制地区规划，管理贸易、运输、道路、教育、公共图书馆事务，任命消防人员和警察；区政府负责管理机场，编制地方发展计划，以及管理城市餐馆、住房、用水、市场、垃圾处理、计划监督、污水处理、博物馆事务；教区或者社区政府负责物资分配、丧葬、火化、礼堂、会所、体育和娱乐设施、公共厕所、街道照明、停车场、人行道等事务管理（薄贵利，1988）。通过列举研究不同国家地方政府事权的分类，可以发现在不同政府层级间并没有事权分类的明确标准，也没有某一级政府应该承担事权的详细清单。随着社会经济发展，政府职能会发生变化，即使同一职能，随着区域人口变化和政治改革，也会在不同层级政府间变动，如教育责任逐渐上移是各国改革的共有特征。

　　虽然没有明确的事权划分标准，但可以通过研究总结事权划分的基本规律。第一，事权划分以受益主体为依据。基本上谁受益由谁供给，地方政府供给范围的边界与潜在受益人相匹配，即公共服务的受益者按照其受益的比例承担该项服务所花费的成本。第二，事权划分以公共服务的性质为依据。这包括两种情况：其一，如果某类公共服务具有流动性和跨区域性，且涉及范围广、投资成本高，就要由中央政府提供或者由某一上级政府协调下级政府合作提供，资源共享，比如疫情控制、金融服务、跨区域资源管理等。其二，如果某类公共服务投资大、专业性强，又具备时间上的轮空性（奥斯特罗姆等，2004），可以考虑区域共享。时间上的轮空性是指两个或者多个公共服务的消费者可以在不同时间分别使用同类公共服务。当一个公共服务生产者面临两个或者更多集体消费单位的时候，时间上的轮空性就会发生。第三，事权划分可以分阶段合作。同一类公共服务包含多个阶段、多个层次，根据各阶段需要的不同形式的资源投入，可以由不同级别的政府承担不同的服务层次。比如教育服务，立法和制定国家政策框架由中央政府负责，学校建设、人员配备和管理制度则由地方政府负责，而学校的基础设施投入、学校的组织形式可以由较高一级的地方政府负责。第四，事权划分尊重居民需求。这就是与民众生活直接相关的公共服务，尽量交由离居民最近的一级政府来提供，因为该级政府最了解居民的偏好，对居民的需求反映最灵活。第五，事权划分以不浪费公共资源为制约性标准。如果区域单元过小，其就会无力承担某类公共服务的供给，而某类公共服务由多个区域单元同时提供时，就会导致重复性供给，浪费就会产生。要解决这一问题，要么调整行政区划，要么建立资源共享机制。

距离不但可能产生延误，而且会导致信息失真。地方政府可以更好地回应地方上的任何状况，地方政府"了解地方事情"的能力是中央政府不能比拟的（奥克森等，2005）。在治理改革压力下，为回应居民需求，提供公共服务的单元数量越来越多，规模越来越小，但是这也会导致公共服务的"碎片化"。随着分权和行政区划的小型化，公共服务的提供越来越具有灵活反映居民需求的潜质，任何行政责任的下放都涉及潜在的成本考量，分权会造成对稀缺的财政资源和人力资源的重复安排（威尔逊等，2009）。对任何一个国家的中央政府而言，如何确定地方政府单元的区域规模，给地方政府释放多大的权力，是一直没有准确答案的问题。英国的经验很好地解答了这一难题，地方政府设置没有固定模板，动态性是一直持有的思路。英国20世纪20～30年代，由于历史上自治市镇的设定规模标准过低，大量的自治市镇成立，多而小的政府单元导致不能提供充足的公共服务，或者提供的公共服务零零碎碎，政府间合作机制笨拙迟缓。英国解决该问题的具体措施是整合行政区划及政府公共服务职能，提高自治市镇建制标准。比如，英国大伦敦区政府为了改变大区内公共服务零碎杂乱的局面，决定对区内警务、消防和公共交通进行联合供给，从机构、机制建立上为整合公共服务提供渠道。当时最常用的做法是成立联合理事会、联合委员会，以及签订行政合同等。联合理事会由内阁部长授权，以议会形式联合起来运行，具有独立的财政，运用被赋予的法定权力筹款，提供单一基层政府不能提供的公共服务。联合委员会是两个或者两个以上的地方政府设立的议会联合委员会，不是独立的法定机构，不能聘用工作人员，主要提供小型地方政府不能提供而以前由大型政府提供的专业服务。行政合同指地方政府之间签订的服务方面的合同，比如不同政府间签订的公路机构协议。

依据公共服务供给的规律及国外经验，我国直管县（市）政府与省辖市政府或者更上级政府间应该建立资源共享机制。共享的方式有以下三种：第一，省级政府统筹某些公共服务。社会保障基金、警力服务、司法服务由全省统筹，实行"省级管理、地方享用、地方赋税"的机制。第二，直管县（市）与原省辖市共享公共服务平台。直管县（市）依据受益比例支付相应成本，或者县级不支付，而由省级财政按照实际费用适当补贴省辖市。第三，按照方便性原则，直管县（市）与相邻省辖市共享公共服务平台。此种思路与第二种思路的操作方法一样，不同点在于共享主体不同。

由地区体制演变而来的市级政府，已经成为分担省级政府职能的一级政府，它对强化地区行政管理功能、提升上下级行政运行效率起到了重要的作用，市级政府成为省级政府政策输出、政策执行、行政管理的主要帮手。在这种情况下，市级政府的各种权力、公共资源强大起来。随着市级政府职权的逐渐庞大及其对区域把握能力的提升，县级政府的职能基本上限定在政策执行上，县级人员编制基本集中于一线政策执行人员。在这种情况下，很多信息平台设在地级市。现在必须解决的问题是，在省级、县级政府责任都增加的情况下，不能仅仅依靠省级政府本身或者县级政府本身解决问题。原来省里面的很多技术服务职能都设在地级市，比如各种检测中心、监管技术体系、技术和信息处理平台。省直管以后，县（市）不可能直接到省里去接受技术服务，省里没有这个实力。公共资源的建设绝不能浪费，其一定有一个区域辐射面，不可能分散建在多个区域单元，比如，每个县设一个相关领域的服务站、信息平台根本不可行，就算直管县（市）整体升格，公共资源也不能重复性投放。可行性思路是仍然发挥省辖市的区域辐射作用，建立省辖市与直管县（市）之间的资源共享机制。

二　实行大科室制，优化机构编制资源

河南省的省直管县改革是在控编背景下实施的，"不增加机构、不增加编制"是省直管县行政管理体制改革的硬性约束，若多增加1个机构或者1个编制，需要同时裁撤1个

机构或 1 个编制。其他省份的改革也是在这一约束条件下进行的，直接增加编制的可行性很小。

调整内设机构，实行大科室制。原来县级政府主要承担具体事务的执行职能，基本不承担行政监管和行政决策职能，该级政府机构设置结构偏简单、科室分化不明显、综合性强，但每个职能部门下设的二级机构（具体执行机构）规模较大，10 个直管县（市）职能部门的二级机构规模都远远大于省辖市对应职能部门的机构规模。这一特点体现了我国"上面千条线、下面一根针"的行政管理体制特点（谢庆奎，1998）。适应直管县（市）新增职能权限，需要提升其行政决策和行政监管能力，尊重原有组织结构基础，县级政府可以在原有机构编制基础上进行内部调整。具体做法是：抽调事业编制人员履行行政管理职能，建立综合性业务科室和综合性办公室，可采用业务科室（一）、业务科室（二）的形式，每一科室充实行政管理人员，以便与省级相关部门对接。据调研，直管县（市）大的局委行政编制为 40 人左右，综合性改革的缺口不是很大，具有可行性。

在省级部门设专门协调人员，弱化职级差别对县级公务人员形成的心理影响。直管县（市）的职能部门整体不升格，与省相关业务部门工作对接后，职级差别大是自然的。科级干部向厅级干部汇报及请示工作，股级干部向处级干部汇报及请示工作，使科级、股级干部思想上有压力，工作不自信，工作主动性不强。为了缓解这种压力，可以在各省级部门专门设一人来协调直管县（市）职能部门与本业务处室的工作对接，帮助直管县（市）公务人员与省级部门不同处室的沟通。在不增加编制、不增加领导职数情况下，这一方案具有操作性。

事业编制省级统筹，使编制实现动态化管理。现有直管县（市）的编制数较少有历史遗留原因，2011年，在"三定方案"实施中，市级政府编制管理机构在按照当地实际情况对本级政府及所辖县（市）进行机构设置数量调整时，采取的方案是优先满足本级政府的编制需求，再把剩下的指标分配到所辖各县（市）。各市级政府需求不一，所辖县（市）个数不一样，造成现有直管县（市）的编制差异较大。基于直管县（市）的现状，应该对现有的不均衡状况进行调整。

在省事业编制总量不增的情况下，编制由省级政府统一调整。行政编制是固定的，没有调整空间，但是事业编制可以统筹。2011年，河南省事业编制平均数为每万人199人。每个县（市）都有发展规划，随着城市人口的增加，基本公共服务的消费者会增加，相应提高供给能力不可避免，在可控范围内适度增加并动态调整事业编制是可选之策。

三 提高干部素质，引进高层次专业人才

针对直管县（市）干部履职能力低、结构不合理等问题，改变性措施有三：进行专业性培训、上挂下联直接帮扶、变通现有人才引进机制。

（1）进行专业性培训。由省政府、省厅局业务部门、县级政府建立完善的培训机制，邀请省厅局业务部门骨干到直管县（市）进行业务培训，也可以由省厅局或者县级政府邀请专家开办培训班或者专题讲座。培训内容包括政治素质、行政决策、行政监管、行政沟通、技术操作等。

（2）上挂下联直接帮扶。定期安排业务人员到省厅局相关处室挂职锻炼或者跟班学习，省直厅局也可以安排业务骨干到直管县（市）职能部门挂职指导。

（3）变通现有人才引进机制。从招录程序上讲，目前直管县（市）直属部门招录人才由省级人才管理部门和干部管理部门统一安排，几乎在全国范围内招录。由于县域经济不发达、基础设施较差、工资福利偏低，录取的专业人才在短期工作后要么被调离直管县（市），要么辞职，工作队伍不稳定。某县地税局招录信息统计，仅 2013 年，新招录的 8 人中就有 6 人相继离开。可以考虑从本县（市）籍人员或者本县（市）相关人事编制中招录，增加年轻人扎根本县域工作的可能性。

四　转变政府职能是根本，是长久之计

职能是机构设置的依据，职能结构及职能履行方式都会影响机构设置。国家治理能力和治理体系现代化是十八届三中全会以来的改革导向，政府职能转型既是国家治理能力现代化的内在要求，又是完善治理体系的重要内容。政府职能转型较多地体现在职能结构调整上，由经济职能向公共服务

和社会管理职能转型，改变公共服务的供给方式，使其更加适应民众的需求。县级政府作为具体经济社会事务管理者，其公共服务的供给压力更大。因此，探索提升公共服务能力的各种可行性途径是政府职能转型的关键。

首先，促进县级政府职能功能化区分。经济发展性服务职能应该给市场元素留下足够的流通空间，政府主要进行政策监管和宏观调控，应该将主要职能放在公共服务和社会管理上。

其次，探索公共服务多元化供给途径。政府不是唯一的公共服务供给主体，政府可以通过外包、承租、民营化等途径将可以由社会主体直接生产的公共服务转移给其他社会主体，以减少县级财政压力。地方政府必须将发展和培育社会组织视为履行公共服务职责的一部分。不介入具体生产，为社会生产及居民生活获取服务提供帮助，是地方政府现代化治理转型的关键。

再次，增强横向区域单元的合作能力。自上而下的授权和监督考核体系，强化了地方政府之间的封闭性竞争和公共资源的重复性投资，政府横向间既没有信息分享，又没有比较优势分化。这既阻断了经济要素的自由流通，又消弭了市场经济条件下形成社会团体的优势，违背了一体化发展潮流。对地方上及政府间的多维度问题进行综合协调，提高地方政府间的"水平整合"能力，是地方政府尤其是县级政府面临的主要问题。

最后，培养社会组织，提高社会自我管理能力。一个能够自我管理的社会不需要政府背上沉重的负担。部分公共服务或者公共问题依靠社会自我解决是社会管理创新的途径，县级政府必须积极识别本区域内公共服务的需求类型，培育社会组织，给予政策支持，让社会为自身的发展负责，实现责任分摊和利益共享。

第四节　以"明晰事权"为契机构筑现代化的国家治理体系

省直管县带来的主要问题是县级政府"角色转型压力和公共服务供给责任加大"，根本原因是公共服务供给的"行政责任打包制"（周黎安，2007），对于地方政府间的责任分工，中央没有统一的法律规定。省直管县是国家治理体系现代化的一部分，应该以解决直管带来的问题为契机，打破"行政责任打包制"，突破按照权力管辖的区域边界供给公共服务的传统模式，为政府层级间的事权分配确定基本原则，建立公共资源共享合作机制。在省直管县改革范围内为这一突破性改革提供试点条件，使省直管县改革真正成为推动国家治理现代化的关键部分。

一　按照"便民和规模效益"原则划分政府层级间的事权

当今世界各国政府的主要任务之一就是为社会提供公共

服务，问题的关键是如何提供。这包括两方面的内容：一是提供公共服务的责任如何在不同级别政府间划分；二是各级地方政府如何独自履行职责，提供民众满意的公共服务。政府间事权责任划分是各级政府履行职责的前提。

自国家产生以来，为了对社会实施管理，国家官僚机构及管理体制的设立都偏向实现中央意志，垂直体制最容易集中中央权力，也最容易满足中央向地方传导权力的需求，因而垂直体制是各国制度设计的首选（斯科特，2012）。垂直体制的问题集中表现为中央集权与地方分权的矛盾，这是各国的通律，不同点仅在于权力分配和权力传导方式在各国表现不同。事权在各级地方政府间的划分受制于地方政府的层级关系。在地方政府层级关系不明显的国家，事权划分基本依据便民和效率原则进行，由此形成的事权划分具有一定的功能互补性；在地方政府层级关系突出的国家，一般是上级向下级授权或者委派职能，按照一级政府管辖的行政区域"打包性授权"，上下级政府之间只有事务管辖范围上的区别，没有事务功能上的互补。自上而下的授权方式使得上级政府可以对下级政府进行职能指派，并减少协调成本，所以这种方式是大国管理手段的首选，但是这种管理上的自信常常因为上级对下级信息了解的不充分而挫败。

那么如何划分政府间的事权责任，能够实现功能互补、各司其职，且不浪费资源？依据各项公共事务的性质划分事权类型，再按照便民和效率原则在各级政府间分配事权责任，是当前地方政府治理地方公共事务的一般惯例——依据国家统一、安全需要，以及某些公共服务的性质，对公共服务划分基本类型，以服务民众和不浪费公共资源为原则，在地方政府层级间划分事权责任。省级政府主要承担中央直接委托的责任（立法、司法、国家安全、重大资源管理）、公共服务供给上的省内统筹责任（社保、公安、教育、高速公路统筹）。市级政府承接省级政府委派的部分任务，帮助省级政府落实部分公共服务供给统筹责任，除此之外，还向本区域提供治安、卫生、教育、消防、社会保障和福利等服务。县级政府主要承担与农村相关联和与民众日常生活紧密相关的服务供给，比如义务教育、公共卫生保障、治安巡逻等。各层级政府就不同的事权或者同一事权的不同环节有功能互补。

二　按照"谁受益、谁付费"原则建立公共资源共享机制

我国行政管理体制的垂直性使得上下级政府间联系比较紧密，同级政府间横向联系较弱，上下级政府间关系的建立与消失完全依赖行政隶属关系，当行政隶属关系消失，政府之间的一切联系就会被切断，这是典型的"条条"式治理（马力宏，1993）。"条条"式治理的核心是上下联系、横向隔绝，为保障这种自上而下联系的有效性，上下级政府间任务相同、机构设置对口，下级政府的任务和资源全部来源于上级配置，支持垂直联系的过程切断和弱化了地方政府之间

的文化和经济纽带。因此，县级政府与省级政府之间需要建立类似于原有的市县关系，使联系紧密、沟通顺畅、业务对口。但是省级政府在特有的行政链条中，不可能与市级政府具有相同的工作方式和机构设置，省县关系不可能复制市县关系，也就是说，省级政府不可能像市级政府一样对县级政府承担责任。

在现有垂直体制环境下，横向政府间能够建立联系的突破口是资源共享，以"利益"纽带补充行政的僵化。如何建立资源共享机制？应该依据"谁受益、谁付费"原则，或者"受益者付费、提供者负责"的公共资源合作机制，在市县间重塑其利益关联。地方政府的主要职能是提供公共服务，随着各级地方政府独立自主性增强，其提供公共服务的职能会加强，现代化治理体系的核心就是"自主基础上的合作"，合作的前提是各有付出，"谁受益、谁付费"。依据公共服务供给和消费的效益逻辑，要么地方政府合作投资供给公共服务，要么享用者以后来付费的方式为建设者承担部分成本。比如，直管县（市）与原省辖市共享公共服务平台。

三 依据"合作"原则建立公共服务供给的网络模式

为了保障公共服务供给的灵活性和回应性，区域单元独立为形成反应敏捷、行动迅速、效能提升的公共服务供给主体创造了条件，但结果是区划变小、供给主体增多、治理分散化。但是，按照规模效益优先原则，供给主体与供给主体之间、供给主体与生产主体之间都应该建立公共服务提供的合作模式，每个个体或者组织都是公共服务网络中的有效构成。

通过增强公民和社会团体的公共服务供给能力，建立公共服务网络供给模式，形成政府购买公共服务机制，在政府与政府间、政府与社会单元之间建立新的治理体制，可以适应国家治理现代化的趋势。政府可以通过多种形式与不同公共服务生产单位建立合作关系，这不仅可以减轻政府财政压力、丰富公共服务供给类型，而且可以提高公共服务的供给能力。这种网络式公共服务供给在国外的运行已经非常成熟，我国目前也正在推动这方面的改革，这只是一个技术设计问题，不涉及制度束缚。

小　　结

直管县（市）在机构设置和运行方面主要存在以下三方面问题：一是直管县（市）政府职能部门内设机构与省直厅局内设机构不对接。二是省县政府职能机构职级差别较大。三是基础设施和公共服务技术平台建设压力大。针对上述问题，建议采取下列解决措施。

（1）优化机构设置，提高干部的业务素质。优化机构设置的途径有三：一是调整内设机构，实行大科室制，可以建立业务科室（一）、业务科室（二）等分别与省级相关部门常态业务对接；二是从各局委二级机构中抽调部分人员到业务科室工作，抽调人员的编制性质不变；三是省级动态管理编制，对缺口大的县（市）进行微调。提高干部业务素质的途径有三：一是进行专业性培训；二是以上挂下联的形式与省级相关部门进行常态互动学习，省级相关部门下派业务人员到县级部门挂职指导业务，县级部门推荐工作人员到省级相关业务部门学习；三是变通现有人才引进机制。

（2）适度加大财政支持力度，向直管县（市）财政和政策倾斜。基础设施建设压力和社保资金缺口填补压力主要是资金问题。城市建设框架拉大和标准提高，在 10 年建设期内各类设施建设投资注入力度不会收缩，社保类基金发放标准也会逐年提高。为增加直管县（市）副中心城市的带动能力，应当通过财政政策或者项目立项给予倾斜支持。其中，对于社保类基金缺口问题，省委、省政府可以积极呼应国家政策，及时建立省级统筹框架和出台具体措施。

（3）建立公共资源共享机制。技术服务平台和信息平台属于投资大、规模效益高的公共产品，在使用上又具有时间上的轮空性，因而其完全有条件实现资源共享，不能因为行政上的独立造成公共资源投资浪费。公共资源共享机制包含以下三个要素：第一，建立省辖市与直管县（市）之间事权和责任划分的基本框架，依据我国基本制度和国外经验建立协作关系。就业务熟悉程度和沟通便捷程度而言，在直管县

（市）与省辖市之间建立资源共享机制没有技术障碍，因为其原来就在一个共享体系。如果考虑就近原则，可以在直管县（市）与相邻地区（其他省辖市）建立共享关系。第二，将治安责任、司法业务受理责任、技术平台提供责任纳入省对省辖市的考核指标，以此约束省辖市履行责任。第三，按照"谁受益、谁付费"的原则，直管县（市）在与省辖市共享资源的同时，应当承担一定的费用，费用可以由直管县（市）承担，也可以由省级政府补贴。

综上所述，应该以省直管县改革为契机，推动国家治理体系现代化发展。省直管县改革是国家治理体系现代化的一部分，应该以解决直管带来的问题为契机，探索一些重大改革方向，在国家制度框架内大胆创新，放在省直管县改革体系内试验。具体思路有三：第一，在不同层级政府间确定事权划分的基本框架，打破现行的"行政责任打包制"。依据国家统一、安全需要，以及某些公共服务的性质，对公共服务划分基本类型，以服务民众和不浪费公共资源为原则，在地方政府层级间划分事权责任。各层级政府就不同的事权或者同一事权的不同环节有功能互补。第二，依据"谁受益、谁付费"原则建立公共资源共享机制。地方政府的主要职能是提供公共服务，随着各级地方政府独立自主性增强，其提供公共服务的职能会加强，但行政单元的自主性不能造成公共服务供给的浪费或者"碎片化"，某些公共服务的规模效益要求不适宜过小的行政单元供给，应该在不同政府间建立公共资源共享机制。"谁受益、谁付费"原则遵循公共服务供给和消费的效益逻辑，是公共资源共享机制建立的基础。第三，增强公民和社会团体的公共服务供给能力，通过政府购买公共服务，建立公共服务网络供给模式。政府不是唯一的公共服务提供者，政府可以通过多种形式与不同公共服务生产单位建立合作关系，这不仅可以减轻政府财政压力、丰富公共服务供给类型，而且可以提高公共服务的供给能力。这种网络式公共服务供给在国外的运行已经非常成熟，我国目前也正在推动这方面的改革，这只是一个技术设计问题，不涉及制度束缚。

（执笔：马翠军）

参考文献

〔英〕戴维·威尔逊等：《英国地方政府》（第三版），张勇等译，北京大学出版社，2009。

〔美〕文森特·奥斯特罗姆等：《美国地方政府》，井敏译，北京大学出版社，2004。

〔美〕罗纳德·奥克森等：《治理地方公共经济》，万鹏飞译，北京大学出版社，2005。

〔美〕詹姆斯·C. 斯科特：《国家的视角》，社会科学文献出版社，2012。

〔美〕罗伯特·阿格拉诺夫等：《协作性公共管理：地方政府新战略》，北京大学出版社，2007。

〔美〕乔尔·S. 米格代尔：《社会中的国家：国家与社会如何相互改变与相互构成》，李杨等译，江苏人民出版社，2013。

经济合作与发展组织：《分散化的公共治理》，国家发展和改革委员会事业单位改革研究课题组译，中信出版社，2004。

世界银行东亚与太平洋地区编著《改善农村公共服务》，中信出版社，2008。

薄贵利：《近现代地方政府比较》，光明日报出版社，1988。

谢庆奎：《中国地方政府体制概论》，中国广播电视出版社，1998。

周黎安：《中国地方官员的晋升锦标赛模式研究》，《经济研究》2007 年第 7 期。

马力宏：《中国行政管理中的条块关系》，杭州大学出版社，1993。

朱光磊、张志红：《"职责同构"批判》，《北京大学学报（哲学社会科学版）》2005 年第 1 期。

周振鹤：《中国历代行政区划的变迁》，商务印书馆，1998。

第六章 省直管县公检法体制问题及解决方案设计

公安机关、人民检察院和人民法院是我国司法权力的具体承担者，三者关系密切、相辅相成，其主要目的是维护政治稳定和社会的公平有序运行。在从财政省直管县转向全面省直管县的体制改革中，公检法体制改革处于被动地位，其司法属性和机构职能不同，产生了一些制度改革预期外的问题。本章主要关注由省直管县改革产生的问题，探讨如何解决这些问题，如何按照国家治理现代化的思路构建市县并立、减少行政层级条件下的公检法体制框架。

第一节 公安机关的职能及直管后的体制变化

我国的公安机关是人民民主专政的重要工具，是国家刑事司法和治安行政执法力量，承担着重大的政治和社会责任。公安机关的主要职责是：（1）预防、制止和侦查违法犯罪活动；（2）防范、打击恐怖活动以及管理集会、游行和示威活动；（3）维护社会治安秩序，制止危害社会治安秩序的行为；（4）管理交通、消防、危险物品以及户籍、居民身份证、国籍、入境事务和外国人在中国境内居留及旅行的有关事务；（5）警卫国家规定的特定人员，守卫重要场所和设施；（6）监督管理公共信息网络；（7）指导治安保卫委员会等群众性治安保卫组织的治安防范工作。①

公安机关的性质具有双重性，既有行政性又有司法性。正是这种双重性，使公安机关在省直管县改革中遇到的资源共享问题呈现了独特的一面。公安机关改革前实行省－市－县三级管理体制。我国公安机关坚持"统一领导、分级管理、条块结合、以块为主"的原则。国家设公安部，隶属国务院，是国家的最高公安行政机关；省、自治区、直辖市设公安厅（局），省辖市及市辖区、县、自治县、县级市等设公安局；市辖区、县、自治县、县级市等在辖区内的镇、街道及社会治安情况比较复杂的地方，设立公安派出所；另外，国家某些专业部门也设置公安机关。上级公安机关对下级公安机关的经费、领导任用、业务管理等方面有相当大的管理权限，但是一般的人员编制又要依托同级政府。省直管县改革以后，公安管理体制变为省－县两级，直管县（市）公安机关脱离市级公安机关管理，直接与省公安厅业务对接。

---

① 根据公安部官方网站资料整理，http：//www. mps. gov. cn/n16/n1282/n3463/index. html？_ v＝1422073201105。

第二节 直管县（市）公安机关存在的
问题及原因分析

一 直管县（市）公安机关存在的问题

（一）民警数量少，警员素质低

直管县（市）普遍存在警力不足问题，比如永城市常住人口为157.5万人，但目前只有警察1065人（其中已授衔民警677人），警力万分比为5.8，而滑县警力万分比为3.5，巩义市为6.5，与全省、全国的平均数7.97、12.6相比，差距较大。直管县（市）离中心城市较远，一旦有突发事件，可能会因为警力不足而无法有效处置，从而影响社会稳定。在调研中，有的公安局局长就直言不讳地说："以前县里发生火灾，我可以半夜给市长打电话请示汇报，及时处理。直管以后，我总不能半夜给省长打电话请示汇报吧！"同时，直管县（市）警员素质处于"县级"水平，复合型指挥员少，高端技术人才奇缺，谋划、决策、指挥、处置方面的能力和经验远远不足。正如某公安人员说的："一级是一级的水平，县里的水平就是县里的水平，市里的水平就是市里的水平，不一样啊！"

（二）技术手段较差，装备保障薄弱

直管县（市）在脱离原来省辖市之后，因为技术资源平

台规划和建设存在一个过渡期，技术手段较差，尤其是在技侦、刑事技术、网络技术、通信技术以及建筑工程消防审核验收与火灾事故调查等方面比较突出。另外，装备保障薄弱，直管县（市）公安局脱离省辖市公安局单独作业，在装备建设、通信技术和经费保障等方面凸显"短板"。同时，在公安侦查技术平台中，有些授权不到县级（如出入境管理、交通技术监控等），而市级又脱离联系，"上不着天下不着地"，影响本地案件侦破。

（三）公安移交诉讼业务运行中存在断层

在省直管县改革之前，对于直管县（市）辖区内发生的重大刑事案件，按照《刑事诉讼法》和审级相关规定，直管县（市）公安局需要通过上一级公安局移送到省辖市检察院提起公诉。但是省直管县改革后，省辖市不再受理直管县（市）对重大刑事案件的移交工作，这造成了业务运行的断层问题。目前这类案件都需要特别报请省公安厅协调省辖市公安局，并经直管县（市）检察院商请省辖市检察院受理，协调成本大，工作运行不顺畅。同时，其他业务上的影响也很微妙。在调研中，有公安局相关人员说："这种影响只可意会，不可言传。但是在汇报工作、评先评优当中，你从他们的表情上就能看出来，说话语气也不一样，如果哪一句话说得稍不适当，他马上给你脸子看。那意思就是，你们已经独立出去了，我可以不买你的账了！"

（四）干部交流管理问题

直管以后，直管县（市）公安系统的干部人事几乎处于

"冻结"状态，既没有"交流"，又没用"提升"，加上公安机关工作具有危险性和不确定性，其比其他工作需要付出更多的努力，担负的责任也很大。在看不到交流和提升希望的情况下，干部工作的积极性难免受到影响。相比于直管以前，干部们感觉落差很大，以前有些县（市）公安局在立功、嘉奖等荣誉考核时，作为原省辖市公安系统的一分子，自然会受到应有的照顾。直管后，原省辖市公安系统在荣誉考核时"都不再考虑"直管县（市）公安局了。正如某位公安人员所说："凡牵涉利益方面的事情，如考核优秀、立功、嘉奖等，市里根本就不考虑你了。如果没有这些荣誉，我们很难提升，这就变相地堵死了我们。"

二　问题原因分析：共享资源平台割裂

（1）随着社会经济的迅猛发展，各种社会深层次矛盾凸显，改革发展压力增大，发展维稳任务日益严重，尤其是突发性群体事件的多发易发，给县域维稳带来了很大压力。

（2）省辖市与直管县（市）缺乏体制合作。在原有体制下，县域内发生重大问题，市级公安局会调配力量及时处置。直管后，省辖市公安局不再有义务和责任对直管县（市）的治安管理进行全力支持，直管县（市）警力不足、素质不高则直接会影响对重大问题的处置效果。

（3）从"执行"到"决策"角色转换不适应。在省直管县改革中，河南省共赋予直管县（市）603项经济社会管理权限，其中直管县（市）公安机关承接了户籍变更、刑事案件管理、平台建设、审核、签注、许可证颁发等43项权限，公安部门是除了发改部门以外事权增加最多的部门。直管以前，县级公安局主要是执行市级公安局布置的任务；直管以后，县级公安局事权突然增多，权限增大，市级公安局不再管理其工作，改为由省级公安厅对其进行宏观指导，县级公安局从"执行者"转变为"决策者"。正如某公安人员说："以前开展工作听市里安排，省里传达的文件一般经过市级消化分解到县里，县里不需要再费心思琢磨文件了，只要执行市里命令就行，现在得自己琢磨拿捏文件的内容和尺度。就好像以前是市里给你'嚼馍'吃，现在得自己'做馍'吃啦！这是需要一定水平的。"但是，直管县（市）因其基础设施落后和工资待遇低等问题，很难吸引到高层次专业人才，加上与省级各部门的对接要求也对警力素质提出了更高的标准和要求，县级现有的警力素质很难适应这些变化。

（4）省直管县改革割裂了市、县的公安资源共享平台。直管之前，县级公安局大部分技术性较强的工作都依托省辖市公安局开展，自身并没有全面独立的资源平台。直管之后，直管县（市）要重新配置公安信息系统平台资源，而这需要大量资金支持，各个直管县（市）估算需要5000万元至1亿元资金，这将大大增加直管县（市）的财政负担，即使资金上没有问题，人才问题也是重要瓶颈。正如调研中某负责人所说："其实建设资源平台的资金不是关键问题，班子对公安的支持力度还是很大的，关键问题是没有高级人才！"

第三节　直管县（市）公安机关解决方案

一　过渡时期解决方案：争取体制内资源共享

公安机关管理体制设计应与其职能相一致，公安机关的职能主要是维护政治稳定和保持社会安定。公安机关的基础设施与业务流量有关。基础设施的配置会影响业务流量，业务流量过低，基础设施的作用就发挥不出来，就可能浪费资源；业务流量过大，则会超出基础设施承载量。因此，直管县（市）公安机关的基础设施配置应与当地社会治安的实际情况结合起来，理顺公安机关管理体制中"条"与"块"的关系，明确警务中的刑事执法权与行政执法权划分。其中，刑事执法权"以条为主"，行政执法权"以块为主"。其中，刑事执法权的划分是理顺"条块"关系的关键。随着计划经济的瓦解和市场经济的发展，人、财、物的流动性不断加大，犯罪的流动性、跳跃性、复杂性也日益提高，在处理各种突发事件、打击严重暴力犯罪、侦破经济犯罪案件、堵截各种重大在逃嫌疑人的斗争中，尤其需要跨地区警力资源的协调运作。如果刑事执法权属于地方，就容易导致刑事执法中出现地方保护主义，使法律地方化、司法地方化。这不仅不利于市场经济的健康发展，而且会损害司法的公正性和政府的公信力（尤小文，2003）。

综上所述，我们认为解决直管县（市）公安机关存在的问题，要争取体制内的资源共享，不宜简单扩大规模。在市县并立、减少行政层级体制框架设计中，可以对公安机关的刑事执法权以及刑事司法警察实行垂直管理，相关的信息资源平台实现共享。当前省直管县改革中存在的问题，可以通过争取体制内的资源共享来解决。

目前，过渡时期可以建立县（市）公安局与原省辖市公安局资源共享机制，省公安厅可出台一项指示，强制将直管县（市）公安局的考核指标纳入原直辖市公安局的考核任务。考核指标有"行动指挥棒"的功能，一旦将直管县（市）公安局考核指标纳入原直辖市公安局考核任务，就会增强原直辖市公安局的责任感，在发生突发事件时，能及时调集全市警力处置问题，同时，也能解决原有公安侦办业务技术问题和案件移交的业务断层问题。

对于直管县（市）辖区内的突发性群体事件的处置，建议省级公安机关设立直管县（市）与周边区域联动的应急管理体制，即如果直管县（市）区域内发生群体事件，相邻区域内警力有责任在第一时间赶到现场增援，如果因为警力不够耽误事件处置，可以对相邻区域警力负责人进行问责。

另外，省公安厅可以成立一个专门协调直管县（市）业务的部门，解决其业务对口交接及干部流动问题，并加大向直管县（市）输送高层次专业技术人才的力度，加强直管县（市）公安系统人力资源培训工作。

二　长期解决方案：构建省级统管的现代化警察管理体制

"他山之石，可以攻玉"，对于直管县（市）公安局遇到问题的解决，我们可以吸收国外警察管理的先进经验。我们选取英国与日本两国作为借鉴对象，其中，英国警察系统采用典型的分散型管理体制，日本警察系统采用集中型管理体制。英国是现代警察制度的发源地，日本是世界上人口密集却治安较好的国家。因此，两国警察管理具有典型意义。

（一）英国的警察管理经验

英国是现代警察制度的发源地，1829 年《大都市警察法》生效是英国现代警察制度产生的标志（金薇，2007）。目前，英国实行的是一种被称为"三角形权力关系"的警察管理模式。"三角形权力关系"由中央政府、地方政府和首席警官构成，他们之间既是一种"伙伴关系"，又相互制约，主要特征如下。

1. 英国现代警察制度的最基本特征是"地方自治"

除了伦敦以外，英国其他地方的警察都不直接受制于中央政府，而是由地方政府负责组织和管理。中央政府通过提供财政上的支持，包括诸如工资、服装、津贴以及其他办公必需的条件，实现警察工作在全国的统一。"但是中央政府无权直接对地方警察发号施令，各地方的首席警官在很大程度上享有独立于任何政党的权力。这是英国宪政的一个重要体现，也是防范警察违法的一项重要措施"（李温，2006）。英国法律规定，警察实行地方自治，地方的市政委员会并不直接指挥它属下的警察，而是通过法定的警察委员会对其进行组织管理。警察委员会的成员有 2/3 为市政委员会成员，他们由市政委员会任命，另外 1/3 为治安法官，由地方法庭任命。各个地方的警察委员会负责任命本地区的首席警官、副首席警官和首席警官助理，但是上述任命必须报英国内政部批准。

2. 中央政府对地方警察实行宏观控制

首先，中央政府通过制定法律政策对地方警察实行宏观控制。根据 1964 年的《警察法》，英国内政部负责管理全国警察，其有权制定警察的组织、管理以及后勤保障等方面的规定，"内容涉及警察的任职资格、警察纪律、工作时间、休假、工资、服装等等。国会授予内政部大量的可以自由使用的权力，对于内政部制定的有关方面法律规定，地方警察必须遵守"（李温，2006）。

其次，中央政府对地方警察的另一个控制渠道是财政支持。中央政府一直对地方警察提供 50% 的警务活动支出，这笔费用相当可观，没有任何一个地方政府有能力负担这样大的一笔开支。与金钱投入相伴随的就是服从，地方政府的警察必须受到皇家警务巡视员的监督，如果皇家警务巡视员认为某一个地方的警察效率低下或者不遵守规则，国家就会全部或者部分收回财政支持。

3. 首席警官及警察在工作中相当独立

英国的首席警官在法律上具有相当大的独立性，法律授予首席警官以特殊的权力，其有权命令和指挥其下属的警察，且只对法律负责，但是没有人有权力命令和指挥首席警官。

其他警察在日常工作中也具有相对独立性。警察的独立性体现在：其只负责维护社会安宁，无须屈从于警察以外的任何行政权力。警察只接受来源于首席警官的命令，除了法律规定的中央政府和地方政府分享的各项警察权力以外，所有权力的行使完全由警方自行决定。一个经典的案例是，假如警察错误地拘留并指控某人犯有罪行，受害人向法院起诉要求地方警察委员会进行赔偿，结果受害人会败诉。因为地方警察委员会不能干涉警察独立办案，两者在具体决定上没有法律关系。但受害人可以要求首席警官对此错误负责。

（二）日本的警察管理经验

日本作为经济发达和人口密集的国家之一，社会管理水平高，公民守法意识强，社会治安状况良好，日本警察在其中起到了举足轻重的作用。

日本的行政区划包括1都、1道、2府和43县。在这47个行政区的警察组织机构中，除东京都警察机构称东京警视厅外，其余的称道、府、县警察本部。警视总监和警察本部长由都、道、府、县知事任命，直接对知事所辖的都、道、府、县公安委员会负责。日本警察机构有三个层次：一是 1 都 1 道警察机构；二是 2 府和 9 个指定县警察机构；三是其余的县警察机构。层次直接决定着最高长官即本部长的警阶。另外，警察本部根据都、道、府、县所属城市规模设立警察署或警察部，警察署下设派出所，并且都设有本部直属的警察学校（李明，2010）。

1. 科学的管理体制

日本警察由国家警察机关和地方警察机关组成。国家警察属国家公务员序列，地方警察属地方公务员序列。国家警察机关不承担具体的执法工作，但通过对地方警察人、财、物的强力调控，保证全国警察队伍的正规化和警令畅通。日本警察保持独立的运行机制，只对法律负责，不受政治党派利用。日本为此设立了都、道、府、县公安委员会，用来保证警察机关运行的政治中立性和公平公正。

2. 国家统一配置信息资源平台技术

在基础资源平台方面，日本通过国家预算予以保障，在通信、鉴定技术、警用装备、技术研发等方面实行统一规划、统一标准、统一装备、统一建设。统一配置的信息资源平台技术保障了日本警察行动迅速和高效协同。首先，日本建立了覆盖全国的警察电话、信息指挥系统、无线集群系统、文件传输系统等，在通信上已形成了全国规模的信息网络系统。其次，统一的鉴定技术及技术研发为侦查破案提供了强有力的支持。隶属于日本警察厅的科学警察研究所负责开发各级鉴定技术、鉴定设备，以及从事预防犯罪、交通安全、消防等综合研究工作。最后，国家统一配备的警用车辆、船舶和直升机为警方开展巡逻、紧急出警、追捕犯罪分子等提供了有力保障。高科技装备的广泛运用已经使日本警察队伍的管理和警务工作实现了信息化、智能化和现代化，大大提高了日本警察的工作效率和快速反应能力（刘君梅，2012）。比如，在人群聚集的场合，日本会配备带有 DJ 警察和 DJ 设备的高台警车，对整个人群进行疏导和控制，可有效地避免踩踏事故的发生。

3. 严格警察教育培训晋升制度

日本警察教育训练的标准完全由日本警察厅制定，统一教材、统一训练科目、统一训练时间。招录上按照国家警察和地方警察的不同标准分别招录。国家警察必须通过国家公务员考试才能被录用；地方警察都是参加地方公务员考试后被择优录用的。日本警察职级晋升的特点是由考试决定，职级晋升之后，按照不同职级分别接受都、道、府、县警察学校，以及管区警察学校或警察大学的岗前培训。

（三）经验启示：构建省级统管的现代化警察管理体制

1. 坚持"基层和一线优先"，整合警力资源

进一步规范公安机关内设机构的设置，减少部门间的交叉重叠，减少行政运行层次和环节，岗位职责设定与考核标准科学化。在整合警力资源、优化警务格局的过程中，要坚持基层和一线优先的原则。公安机关基层和一线工作任务繁

重、责任重大，其对治安事件的处理和对犯罪分子的控制直接影响社会公共安全。因此，在资源配置上要向基层和一线倾斜，建立有利于基层和一线的人、财、物保障机制，进一步深化河南省警务机制改革，实现公安机关业务"实战化"和管理"扁平化"。

2. 坚持"预防为主"，整合治安资源

预防和减少犯罪，及时化解社会矛盾，是维护政治统治稳定和社会有序运行的低成本有效战略。公安机关在坚持"严厉打击刑事犯罪"的同时，还要不断加大防范工作的力度，构建社会治安防控体系。要全面实施社区警务战略，把有限的警力和无限的民力结合起来，坚持"预防为主"的方针。完善布局合理的各种群众治安自治组织，采取更加灵活多样的方式，加大治安宣传力度，取得公众对警方的认同和信任。

3. 坚持"科技强警"，整合科技资源

科学技术在公安机关侦查办案中起着巨大作用，我国各级公安机关也都非常重视"科技强警"，不断加大科技投入力度。但是一些地方和警种热衷于搞"小而全"，影响了科技效能的充分发挥。同时，地区之间、部门之间、警种之间在一些具体的科技项目上缺乏统一技术规范要求，形成了"孤岛效应"，信息和资源不能共享，造成重复建设、资源浪费。因此，应该进一步整合科技资源，在一定区域内实现科技信息技术资源共享。

4. 坚持"规范化"标准，整合教育资源

借鉴英国和日本警方的做法，我们应坚持"规范化"标准，进一步整合教育资源。要根据不同职级、不同警种的特点，从各类警察应该具备的职业伦理要求和业务素质出发，以实战需求规范课程设置和培训教材。要建立一支具有较高理论素养的专职教官队伍和实践经验丰富的兼职教官队伍。同时，还要建立符合队伍需要和实战需求的规范化警官培训基地。

综上所述，我们应根据自身实际情况，借鉴英国、日本警察管理过程中的成功经验，建立有中国特色的警察管理体制。就目前河南省的省直管县公安机关体制框架设计来看，可以结合十八大提出的依法治国司法体制改革理念，打破体制局限，建设全省统管的现代警力、财务、警务保障系统。

第四节　人民检察院和人民法院职能
及直管后体制变化

我国检察机关是人民代表大会制下与政府、法院并行的国家机关，具有独立的宪法地位。但在依法独立行使检察权的过程中，检察机关必须坚持中国共产党对检察工作的领导。检察机关是国家的法律监督机关，通过履行公诉、职务犯罪侦查和诉讼监督等职能，维护社会公平正义和国家法制统一。

我国人民检察院的组织体系由最高人民检察院、地方各级人民检察院和专门人民检察院（如军事检察院、铁路运输检察院）组成。我国的检察体制是一种双重领导体制，即下级人民检察院在接受上级人民检察院领导的同时，还要对本级人民代表大会及其常委会负责。首先，在上下级检察机关之间，上级检察机关领导下级检察机关的工作，最高人民检察院领导地方各级人民检察院的工作，这一领导体制也体现了检察一体化的要求。其次，检察院要对同级人民代表大会及其常委会负责。

人民法院是我国的审判机关，具有独立的宪法地位。其组织体系分为四级，有基层、中级、高级和最高人民法院，并设铁路、军事、水运等专门法院。基层人民法院负责案件一审工作，县人民法院属于基层人民法院；中级人民法院负责二审或重大案件的一审工作；高级人民法院负责二审或全省重大案件的一审工作，一般省级人民法院属于高级人民法院。从组织结构上讲，人民法院各级是独立的，上级法院对下级法院没有管辖权限，只进行业务指导，但各级法院对同级人大及其常委会负责。地方各级法官由同级人大常委会任命，各地法院院长由地方各级人民代表大会选举产生和罢免。地方各级法院经费依靠地方财政供给，法院的物质装备、人员福利等也由地方政府提供。

检察院和法院业务工作具有密切相关性，省直管县改革后检察院与法院的体制变化是：从2014年1月1日起，10个试点县（市）检察院、法院不再由各市级检察院、法院指导管理，新设立河南省人民检察院和法院的第一分院，管理巩义市、汝州市、邓州市、永城市、固始县、鹿邑县、新蔡县的相关事务。将河南省人民检察院济源分院更名为河南省人民检察院第二分院，将济源市中级人民法院更名为河南省第二中级人民法院，管理济源市、兰考县、滑县、长垣县的相关事务。目前，由于一、二分院的报批工作没有明确意见，直管县（市）检察院和法院的直管对接工作无法按原定方案进行，直管县（市）的检察院和法院业务工作仍由原省辖市检察院和法院"代管"。

第五节　直管后人民检察院和人民法院存在的问题及原因分析

一　人民检察院存在的问题

省直管县后，县级人民检察院在内部机构设置和业务管理上与原来省辖市人民检察院不存在突出问题，只是由原来的"分内"直接管理变为现在的"代管"，业务流程不受影响，但是在资源共享、干部管理、与公安部门的业务运行方面有些问题。

（一）与原省辖市人民检察院资源共享问题

人民检察院的反贪局针对贪污、受贿和失职渎职罪有侦查办案的职能，省直管县之前，县级人民检察院依托省辖市人民检察院的侦查技术平台和优良的装备，可以保障反贪局侦查工作的顺利开展，如果新成立一、二分院，不但需要重新配备这些资源，增加行政成本，而且其优势不见得比原省辖市人民检察院明显。在这样的情况下，如果省辖市人民检察院不给县级人民检察院提供侦查技术的支持，恐怕会影响后者的办案效果。同时，省直管县后设立的一、二分院，离有的直管县（市）较远，增加了群众的办事成本。某检察院人员说："新蔡的群众如果办事，要跑到郑州或新郑来，那就不可想象了。现在一、二分院在省级设置，其主要问题就是不能方便群众诉讼，一、二分院在中央层面没有被批复，这也是理由之一。"言外之意，群众办事的成本太大了，已经超出了他们的想象，可见新成立一、二分院的可行性不太大。

（二）干部出口和人才交流问题

新设立的一、二分院还未被批准实际运行，目前由原省辖市人民检察院"代一、二分院管理"的状态比较"尴尬"，"代管"从表面上看和过去没有什么变化，实际却有很微妙的变化。检察院体制实行双重领导，省辖市人民检察院对直管县（市）人民检察院的"代管"只限于案件诉讼程序上，前者对后者的人权与事权基本处于"少管"或"不管"的"边缘化"状态。这就涉及直管县（市）领导干部的考评和考评结果的运用问题，考评及考评结果的运用在省级遴选干部或干部交流时是基础性条件，所以"代管"对人事管理带来了困难。正如某检察院工作人员所说："直管后，市里对直管县检察院人权和事权的'弱管'或'边缘化'状态，已经给我们的人事管理带来了暂时的困难。"

（三）与公安局在业务运行中存在协调成本加大问题

目前存在县级公安局重大刑事案件的移交程序断层问题，每次有重大刑事案件，县级人民检察院对公安机关移交的此类案件，都是报请省公安厅协调省辖市公安局，并经直管县（市）人民检察院商请省辖市人民检察院受理，协调成本较大。

二 人民法院存在的问题

省直管县后，县级人民法院在业务管理和指导上与原来省辖市人民法院并不存在尖锐的问题，但对法官队伍建设和群众诉讼有影响。

根据法官队伍建设有关规定，上级法院的法官应从下级法院法官中遴选产生，目前直管县（市）人民法院的人事管理基本处于"冻结"状态，能不能参与原来省辖市人民法院的法官遴选和原省辖市区法院的交流，对直管县（市）人民法院法官队伍影响很大。

另外，省直管县后设立一、二分院，有的直管县（市）距离新设立的中级人民法院较远，不方便群众的诉讼活动，增加了群众的诉讼成本。

三　原因分析：资源共享割裂，"代管"影响干部管理

有的直管县（市）认为设立一、二分院，在案件审理程序上和原省辖市中院没有区别，只是人权、事权上有所变化，如果地理位置距离直管县（市）较远，则会增加群众的办事成本，不方便群众办事。同时，新设立一、二分院会增加政法专项编制，这与不增加编制的既定要求相违背。因此，一、二分院的设置可行性不充分。也有直管县（市）认为应该设立一、二分院，这可增加干部任职和晋升机会，能够解决"代管"给直管县（市）两院的年终考评和业绩考核带来的问题。

第六节　法院与检察院存在问题的解决方案

法院和检察院作为司法机关，体制改革和机构设置要坚持独立、公正和效率原则。司法公正是实现社会公平正义的直接途径与过程，虽然司法公正会受制于立法、体制、程序、观念及司法人员素质等诸多因素，但法院和检察院以维护公平正义为主题，其机构设置既要保证审判组织和工作的独立性，又要保证司法的程序、方式具有正当性、合理性和高效性。因此，省直管县改革中法院和检察院存在的问题可通过以下两种方案解决。

一　过渡时期的解决方案：人权、事权应垂直管理

根据实地调研情况分析，我们认为一、二分院的设置可行性不充分，人权、事权应垂直管理。《刑事诉讼法》《民事诉讼法》要求根据案件的标的、案件的社会影响来界定管辖权，根据公正、独立和效率原则设立中院。正如调研中某检察院工作人员建议："我们建议新成立一、二分院，一定要以方便群众为原则，根据案件的标的和案件的社会影响来界定管辖范围。"一、二分院对两院来说，业务程序与原来一样，只是新增了行政成本和群众的办事成本。因此，应尽快结束"代管"的过渡时期。

十八届三中全会已经确立法院和检察院人、财、物省统管的原则，十八届四中全会提出司法权与行政权相分离的原则，这个原则已经确定，并在全国 6 个地方试点。人权与事权由省级统管，关键是考评权直接归省级两院实施，不再由原省辖市两院考评。因此，在一、二分院设立以前，"代管"时期应将司法权交由原省辖市两院管理，人权、事权由省级两院直管，包括考评权。即使将来设立了一、二分院，其也只行使司法权，就是案件管理归一、二分院，人权、事权由省级两院直管。

二　长期解决方案：建立人、财、物省级统一管理制度

党的十八大报告提出："进一步深化司法体制改革，坚

持和完善中国特色社会主义司法制度，确保审判机关、检察机关依法独立公正行使审判权、检察权。"

2014 年 11 月 28 日，广东省司法体制改革试点方案获中央政法委批准，该方案包含 1 个总方案和 6 个子方案，总方案《广东省司法体制改革试点方案》明确了改革试点的总体目标、基本原则和推进步骤等，6 个子方案《广东省法院健全审判权运行机制、完善审判责任制改革试点方案》《广东省健全检察权运行机制、完善司法责任制试点方案》《广东省法官、检察官职业保障制度改革试点方案》《广东省法院人员分类管理和法官统一提名管理改革试点工作方案》《广东省检察机关人员分类管理和检察官统一提名管理改革试点工作方案》《广东省省以下法院、检察院财物统一管理实施方案》，则明确了有关改革试点任务的详细内容、具体细节、工作要求和操作方法等（邓新建，2014）。广东改革的主要内容包括改革审判权、检察权运行机制，完善司法人员分类管理，健全法官、检察官职业保障制度，建立法官、检察官统一提名管理并按法定程序任免的制度，建立全省法院与检察院人、财、物省级统一管理制度。

（1）在完善司法责任制方面，建立并推广以主审法官和合议庭为核心的审判权运行机制。主审法官对其独任审理的案件自行签发裁判文书，承担办案责任。强化合议庭负责制，院长、庭长原则上不再签发本人未参与审理的案件的裁判文书。

（2）在完善司法人员分类管理制度方面，对法院、检察院工作人员进行科学分类，同时实行法官、检察官员额制。以全省法院、检察院政法专项编制总数为测算基数，结合经济社会发展、常住人口数量和案件数量等情况，综合确定各类人员的员额比例。其中，法官、检察官员额比例 5 年内逐步减少到39%以下，司法行政人员员额比例调整至15%左右，46%以上人员为司法辅助人员（邓新建，2014）。

（3）对法院、检察院工作人员实行省级统一管理，具体包括市级与县级法院院长、检察院检察长由省级党委（或党委组织部）管理，法官、检察官由省统一组织遴选并按法定程序任免，全省法院、检察院系统编制统一由省编制部门归口管理。对法院和检察院财、物实行省级统一管理，市级与县级法院、检察院作为省级政府财政部门一级预算单位，向省级财政部门直接编报预算，预算资金通过国库集中支付系统直接拨付（邓新建，2014）。

河南省也可以参考广州司法体制改革方案，结合河南省实际情况，建立全省人民法院、人民检察院的人、财、物省级统一管理制度。

（执笔：崔会敏）

参考文献

尤小文：《直面公安体制改革四大问题》，《人民公安》2003 年第 21 期。

金薇：《英国现代警察制度：读张越著〈英国行政法〉》，《法制与社会》2007 年第 7 期。

李温：《英国现代警察制度产生、发展及其现行体制》，《北京人民警察学院学报》2006 年第 2 期。

李明：《日本警察机构设置与中国警务管理体制改革思考》，《辽宁公安司法管理干部学院学报》2010 年第 1 期。

刘君梅：《从日本警察得到的启示》，《学理论》2012 年第 24 期。

邓新建：《广东公布司法体制改革试点方案》，《法制日报》2014 年 11 月 28 日。

第七章 省直管县与垂直管理
部门的协调关系

第一节 垂直管理部门对省直管县的作用

一 垂直管理部门的概念及其演变历程

垂直管理与属地管理相对应，是指由中央或省对一些行政机关单位进行直接管理。实行垂直管理的部门从地方政府的行政序列中退出，其人员由中央或省直接任命，财、物及业务都由中央或省直接管理和指导。我国目前比较重要的政府职能部门，主要包括履行经济管理和市场监管职能的部门。

我国的垂直管理体制形成于 20 世纪 90 年代初，缘起于改革开放之后为了调动地方积极性与激发地方经济发展活力而实行的权力下放。权力下放带来了经济的快速增长，但与此同时，也增加了地方政府与中央政府博弈的筹码，结果导致地方政府在资源配置过程中占据了主导地位，中央政府面临前所未有的"弱中央"态势。在这样的背景下，出于以经济建设为目的的美好愿望，地方政府不断强化行政权力的资源配置方式，形成了对市场规律的习惯性破坏，造成了资源的巨大浪费和通货膨胀率的居高不下。而在原有制度框架下，中央政府对此的宏观调控却显得无能为力，这迫切要求中央政府加强宏观调控，1994年分税制改革开启了中央上收经济调控权的大幕。财政资源是政府开展活动的基础，因此，中央的收权始于税收领域，对税务部门实行垂直管理。1997年，中央又决定对中国人民银行以及商业银行实行垂直管理，地方政府手中的金融权力几乎被悉数收回。次年，中央又决定撤销中国人民银行省级分行，跨行政区域设立了9家分行，进一步摆脱地方政府对金融业务的干预。而此后相继从中国人民银行分离出去的保监会、银监会连同1992年成立的证监会，也都采用了与此相似的垂直管理模式。早期的垂直管理主要是在税收与金融等一些涉及资金来源的重要宏观调控部门推行的，税收与金融权的上收，不仅收紧了地方政府的"钱袋子"，削弱了地方政府对金融资本的行政干预能力，而且为当今中央政府调控宏观经济的两大手段——财政政策与货币政策——奠定了操作的基础。

财政权与金融权的上收虽然保证了中央政府对经济层面的宏观调控能力，但是地方政府亦会采取"上有政策、下有对策"式的应对策略抵消中央政府在行政手段与法律手段等方面的宏观调控效果，对本地有利的政策就执行，不利的就搁置起来。因此，在税收与金融权上收的同时，一些市场执法和监督部门也开始实行垂直管理。1998年，省级以下工商行政管理机关实行垂直管理；2000年，省级以下质量技术监督检验检疫局和药监局实行垂直管理；① 2004年，国家统计局各直属调查队实行垂直管理，省级以下土地管理部门的土地审批权和人事权实行垂直管理；2005年，国家安监总局下面的国家煤监局实行垂直管理，安监局仍然实行属地化管理。此外，审计、环保、安监等部门也积极探索垂直管理，把垂直管理作为其改革的目标。

二 省直管县为什么要关注垂直管理部门

由上述分析可以看出，实行垂直管理的主要目的在于通过保持人事、财务的独立，使相关系统的下级部门摆脱地方政府的干预，维护政令的畅通。但是在各个部门与省直管县体制对接的同时，垂直管理单位因为其固有的垂直管理模式难以有效与省直管县体制进行无缝对接，造成"省－市－县"与"省－县"二元化管理体制并存。垂直管理单位如果不实行省直管，一方面不能提高行政效率，另一方面不能避免垂直管理部门受到来自原省辖市行政力量的压力而做出不利于直管县（市）的决策。

---

① 垂直管理虽然避免了来自地方政府的横向干预，但没有办法避免纵向的道德风险。面对近年来频发的食品安全事件，1999年以来执行的"省级以下工商、质检垂直管理"的垂直监管制度画上了句号，工商、质监部门于2011年10月重新归入地方行政序列。

从大的范围来说，垂直管理包含以下三个层次。

第一，中央垂直管理部门。中央垂直管理部门有很多，具体到直管县（市）这一层次，主要涉及银监部门等。银监部门承担着区域内的金融市场和银行机构的监督管理职责，如果中央垂直管理单位不实行省直管，原有省辖市可能会利用自己的影响力使得政策的制定有利于省辖市。但是，和其他部门不同的是，中央垂直管理部门要想实现省直管，需要从中央层面进行制度设计。因此，中央垂直管理单位与省直管县体制的对接就是本研究要关心的问题之一。

第二，省级以下垂直管理部门。省级以下垂直管理部门主要有国土和地税两大部门，省级垂直管理部门与省直管县体制对接工作要比中央垂直管理部门更加容易，由省委、省政府出面就可以解决。2014 年 1 月 1 日之后，以这两个部门为代表的省级以下垂直管理部门实现了人、财、物由省级相应部门直接管理。所以省级以下垂直管理部门并不会产生阻碍省直管县改革的特有问题，其面临的问题主要是更加突出的人事问题和放权问题等。

第三，垂直管理的生产要素部门。地区经济的发展离不开生产要素的投入，生产要素的可获得性对企业的生产成本具有至关重要的影响。现有的生产要素部门虽然大多实现了市场化，但是由于重要的生产要素部门如电力部门都是从计划经济演变而来的，其分支机构的设立标准以及权限范围按照行政层级的下降递减。垂直管理的生产要素部门如果未与省直管县体制充分对接，就容易受省辖市所左右。这样一种体制在省直管县以前就已经暴露了弊端；在省直管县以后，暴露的弊端更加突出。因此，垂直管理的生产要素部门如何与省直管县体制对接，也是本研究要重点关注的问题。

第二节　省直管县与中央垂直管理部门之间的协调关系

一　省直管县后中央垂直管理部门的变化

（一）央行系统

1998 年以来，中国人民银行跨省份设置了 9 家分行和 2 家总行营业管理部。河南省属于中国人民银行济南分行的管辖范围，济南分行在省会郑州设有中国人民银行郑州中心支行，由郑州中心支行履行河南省内的相应中央银行职责。在这一管理体制架构下，中国人民银行河南省其他支行的业务接受郑州中心支行的指导，人、财、物归济南分行管理，逐级向上垂直。

省直管县试点以来，尤其是全面直管以来，为了具体落实河南省人民政府办公厅《关于推进省直管县（市）经济社会加快发展的意见》，中国人民银行郑州中心支行制定了《关于支持省直管县（市）经济社会发展的实施意见》，从四个方面制定了支持意见，具体如下：第一，对支农贷款单列。

郑州中心支行单列 10 亿元的支农再贷款专项限额，对兰考县、固始县、新蔡县、滑县等贫困县的支农再贷款利率在现行优惠利率的基础上再降 1 个百分点。第二，适度调增直管县（市）合意贷款规划。为了支持当地中小微企业发展，郑州中心支行增加当地农村信用社、农村商业银行、村镇银行的合意信贷规划，以促进其信贷投放合理适度增长。第三，开展金融产品和服务方式创新试点。郑州中心支行在直管县（市）开展农村土地承包经营权、农民住房财产权、林权等抵押贷款业务试点，打造金融创新新高地。第四，增强服务功能。郑州中心支行加强对直管县（市）银行间市场成员的业务指导和培育，开展直管县（市）金融数据监测和专项评估，加大农村支付环境建设力度，优先推动直管县（市）直接债务融资，积极支持直管县（市）符合条件的企业在银行间市场发行短期融资券、中期票据、非公开定向债务融资工具、资产支持票据、项目收益票据等。在此指导意见的基础上，各直管县（市）及所属省辖市中国人民银行系统大多出台了支持直管县（市）经济社会发展的具体操作性意见，基本体现了中国人民银行货币信贷政策的导向作用，在一定程度上适应了省直管县体制。

（二）银监系统

2003 年 4 月以来，中国银监会于内地 31 个省级行政区域和 5 个计划单列市设立了 36 个银监局，于 306 个地区（地级市、自治州、盟）设立了银监分局，于 1730 个县（县级市、自治县、旗、自治旗）设立了监管办事处，中国银监会对各派出机构实行垂直管理。银监会（中央）、银监局（省）、银监分局（省辖市）三个层次作为银监系统派出机构，对应审批辖区内商业银行的准入、退出、高管任职资格以及检查和处罚等。而银监系统在县级行政区并不是一级独立机构，是作为原属省辖市银监分局的内设组成部门而存在的，其全称为"××市银监分局××县监管办事处"。

2011年省直管县试点以来，银监系统也尝试性地进行了体制机制改革的探索。河南省银监局组织过直管县（市）监管办主任参加的座谈会两次，从2014年第三季度起增加了一套直管县（市）银行业运行情况统计报表体系。

二 存在的主要问题

（一）人行系统

中国人民银行郑州中心支行虽然出台了《关于支持省直管县（市）经济社会发展的实施意见》，但仍然在原有体制下运作，体制上并没有与直管县（市）进行充分对接。也就是说，并没有赋予直管县（市）人行机构与省辖市人行机构同等的权限，人行系统并没有减少行政层级，县级人行机构相关业务的操作仍然绕不开省辖市人行机构的干预或者决策者对省辖市人行机构的习惯性偏好。

（二）银监系统

银监系统与人行系统都属于中央垂直管理单位，但银监系统在县级的行政单元——监管办事处不是独立一级机构，故银监系统的垂直管理程度更高，在适应省直管县体制的过程中所做的变革也较小。也就是说，银监系统还没有对省直管县体制进行有效对接，中国银监会、河南银监局均未出台与省直管县配套的文件。

三　政策建议

（一）对中央垂直管理单位的总体要求

中央垂直管理部门目前还游离于省直管县体制之外，还没有从根本上与省直管县体制充分对接。中央垂直管理单位的改革需要顶层制度设计才能实现，因此应该由中央编办牵头，会同中国人民银行、中国银行业监督管理委员会等建立与省直管县体制对接的沟通协调机制，制定具体的可操作办法，各自出台与省直管县体制相配套的文件、政策，在人员编制、职责划分、财务管理等方面进行系统性安排。

（二）人行系统

对人行系统来说，县级人行机构短期内业务可以直接对接郑州中心支行，人、财、物维持原有关系不变；长期内应使县级人行机构享有与省辖市人行机构同等的管理权，这既可减少行政层级，又可避免原省辖市人行机构对直管县（市）人行机构的干预，对人行系统的垂直管理体制以及省直管县体制的顺利推进都有积极的促进作用。

（三）银监系统

对银监系统来说，不能简单照搬人行系统的做法。究其原因，一方面，当前县级监管办事处只是原省辖市银监分局的内设机构，对行政审批事务只有调查权、建议权，缺乏必要的决策权和决定权，也没有发文和行文等最基本的行政权；另一方面，相较于人行系统来说，县级监管办事处的业务只涉及银行业，其业务更加集中，导致县级监管办事处的人员数量和工作量较少。考虑到这样的现实情况，山东、安徽等省已经在不同程度上进行了一些整合县级监管办事处的尝试，因此简单地赋予县级监管办事处同省辖市银监分局同等的权限显然不现实。在具体操作过程中，可以借鉴济源市的做法，使人员编制、监管职责、财务管理等都直接隶属于河南省银监局，作为河南省银监局的内设机构而存在。

第三节　省直管县与省级以下垂直管理部门之间的协调关系

一　省直管县后省级以下垂直管理部门的变化

省级以下垂直管理部门主要有国土和地税两个系统，这两个系统在省直管县以前都已经实现了省级以下垂直管理，省直管县以后，其体制由"省－市－县"三级过渡到"省－县"两级，意味着国土和地税两部门实现了由省级相应部门的垂直管理，体制对接一步到位。

省直管县之后，国土部门的主要变化为：第一，政策扶持力度加大。直管后省国土资源厅对直管县（市）的用地指标实行单列，在用地政策上给予倾斜。以滑县为例，直管前的 2006～2010 年共批准滑县建设用地面积 359.7582 公顷，直管后的 2011～2013 年批准建设用地 470.4881 公顷，直管后的用地保障水平得到了提高。第二，行政审批层级减少，直管县（市）实现了政策直接享有、文件直接发送、会议直接参加、信息直接连通，各业务科室与省国土资源厅相关处室直接对接，尤其是城乡建设挂钩试点项目、县乡土地利用总体规划修编、地籍变更调查数据上报等，都实现了直管县（市）直接上报省国土资源厅，减少了报批层级，缩短了审批时限，工作效率大大提高。第三，各项业务直接对接，对人员素质提出了更高的要求，对动态提高有很大帮助，省国土资源厅也有针对性地采取以会代训、举办业务培训班等多种形式，对干部职工进行分级和定期培训。

省直管县之后，地税部门的主要变化为：人事和党群工作均由省局直接管理，税收任务由省局直接下达，省局的半年、年度工作会议及业务类工作会议直接通知直管县（市）局领导班子成员参加。文件下达、目标考核以及相应的培训等，省局也直接和县级地税部门对接。目前，省地税局下放各类经济社会管理权限已全部落实到位，地税系统的省直管县体制实现了有序运行。

二　存在的主要问题

第一，人事问题更加突出。省级以下垂直管理部门实现省直管，其原有的和省辖市相应垂直管理部门的交流渠道被隔断，与县级行政序列的其他部门的交流事实上也行不通，而且与省厅（局）交流又由于巨大的级差缺乏可操作性。因此，省级以下垂直管理部门所面临的人事问题是直管县（市）面临人事问题的最集中体现。

第二，业务人才急缺。在现有集权体制下，行政管理架构呈现"倒金字塔"式格局，人员与业务的数量和质量由上到下依次降低，直管以后县级直管部门自然就会面临专业不足、人员短缺、管理落后等问题，县级直管部门现有的运行架构还不能完全适应省直管县体制的要求。①

第三，负面问题缺少缓冲地带。对直管县（市）来说，业务对接也造成了由开展业务带来的负面问题的直接对接，上访等事件由以前的省辖市直接转移到了省，造成地方维稳压力增大。

三 政策建议

（一）权限下放

行政管理权是按照"中央－省－市－县"逐级逐层下放的，在直管以前，一些权限归省辖市，直管以后应归直管县（市）。但是现有很多权限没有下放到位，而是上收至省厅直厅局，直管县（市）并没有获得与省辖市同等的权限。因

---

① 课题组在调研过程中了解到，永城市地税局税政科科长长期不在家，而是在外面应付各种会议，只留一个年轻人在县局应付日常工作。

此，下一步应该以省辖市为标准进行权限下放，能下放的一律下放，如集体农用地转用审批权限、乡镇规划审批权限等。

（二）干部出口

省级以下垂直管理部门实行省直管以后，县局干部的纵向和横向交流都受到了阻碍，严重影响了广大干部的工作积极性。但在具体的操作过程中，可以往两个方向努力：第一，在原省辖市范围内搭建干部交流渠道。省级以下垂直管理部门实行省直管以后，其人事和业务都实行垂直管理，而地方行政序列部门只在业务上实行垂直管理，因此在原有省辖市内寻找干部"出口"问题破解之道就比较容易，对于省级以下垂直管理部门的干部"出口"，应该由省编办会同相应省直厅局进行制度框架设计。第二，在原有职务晋升通道以外开辟职级晋升通道。《公务员法》规定公务员的职务应当对应相应的职级，公务员的职务与职级是确定公务员工资及其他待遇的依据，这样的规定至少在一定程度上造成了目前直管县（市）干部人事体制僵化。值得庆幸的是，2014 年 12 月 2 日，中央全面深化改革领导小组第七次会议审议通过了《关于县以下机关建立公务员职务与职级并行制度的意见》，明确提出在全国县级以下机关探索实施职务与职级并行的制度框架安排，这意味着公务员的工资待遇将与职务脱钩、与职级挂钩，这为直管县（市）干部人事问题的解决传递了积极的信号。

（三）业务能力提升

按照现有的管理架构，直管县（市）依靠简单的机构与人员数量扩张来满足与省直厅局的对接显然是不现实的，唯一可行的方法是自我提升，加强业务培训，同时由省直厅局出面协调解决编制和专业人员不足问题。

第四节 省直管县与垂直管理的生产要素部门之间的协调关系

一 省直管县后垂直管理的生产要素部门的变化

（一）电力系统

2002 年中国国家电力公司拆分重组之后，发电企业与电网企业实现了分离，国家层面上成立了国家电网公司、中国南方电网有限责任公司两大电网公司。但是除了这两大国家电网系统之外，还存在众多的县级电网系统。由于历史原因，县域内的农电网络是由县级政府负责建设的，县级政府在本辖区的电网建设方面持续投入了巨额资金。在进行电网系统改革时，地方政府特别是县级政府的资金投入与电网的改制发生了矛盾，目前大多数地区的县级电网企业是由省级或地级供电企业代管的，具有独立的企业法人地位，而非国家级电网企业的直属企业。

近年来，一些供电企业，特别是南方电网的县级供电企业，在进行农电体制改革，基本思路是由地级供电企业设立全资子公司。近两年来，河南省人民政府及国家电网河南省电力公司都高度重视县级供电企业的管理改革工作。河南省人民政府《关于深化农电体制改革的指导意见》明确规定了2013年实现郑州、洛阳、许昌、鹤壁4个省辖市所辖22个县（市）和安阳县、新乡县代管供电企业的资产上划，由省电力公司直接管理。在总结经验的基础上，2015年底，河南省将全面实现全省所有107个代管县级供电企业的资产上划，由省电力公司直接管理。首批完成农电资产上划的24家县级供电企业已经获得国资委批准，完成了企业管理体制由代管到直管的改革。剩余83个代管县（市）供电企业的农电资产上划也会在预计的时间内完成，资产上划为直管县（市）的电力部门实行垂直管理奠定了组织基础。

（二）银行系统

河南省人民政府办公厅《关于推进省直管试点县（市）经济社会加快发展的意见》对银行等金融机构与省直管县体制的对接提出了具体要求：各类商业银行、政策性银行要加强与总部的对接，相应推进省直管县管理体制改革，省级机构直接管理直管县（市）的分支机构并扩大其业务权限，在贷款规模、授信额度等方面享有与省辖市分支机构同等的权限，与直管县（市）积极开展战略合作，制定专门的信贷支持策略和管理方案。

按照直管工作要求，部分银行加大了对直管县（市）的支持力度：中国建设银行河南省分行、中国银行河南省分行等与相关直管县（市）签订了战略合作框架协议，建立了政银企三方定期合作磋商机制；中国工商银行正在建立与直管县（市）签订全面战略合作协议的工作小组；部分银行享受省直管县以后的优惠政策，中国工商银行由省分行下派一名高管人员到各直管县（市）任常务副行长兼党组副书记，以加强与地方的沟通和协调。

二 存在的主要问题

（一）电力系统

在县一级的电力公司中，2013 年之前全国只有 300 多家没有实现省网公司直管，而河南就占了 107 家，占比超过 1/3，① 即使考虑到 2013 年实现资产上划的 24 家，目前还有 83 家。代管体制会造成了以下三个方面的问题。

第一，不能享受峰谷平电价，对工业生产不利。从理论上说，在趸售电价框架下也可以实现峰谷平电价政策，但是由于操作难度比较大，一般在农电领域并没有实行峰谷平电价，而是简单地执行趸售电价，造成县域的工商企业用电成本较高。这样的制度安排在县域经济不发达、工商企业的数量和规模较小时矛盾并不明显，但是随着产业转移以及产业集聚区建设，县域的工商企业实现了跨越式发展，如果还不能享受到峰谷平电价，显然会增加县域企业的运行成本，恶化县域经济发展环境。

第二，税收问题。虽然县域工商企业不能享受峰谷平电

---

① 滑县电业局负责人提供的数据。

价的优惠政策，但是为了支持县域经济发展，一些耗电大户基本上由省辖市供电公司（省网公司）直供，享受峰谷平电价政策。而这些耗电大户基本上占据了县域用电量的一半左右。如位于滑县产业集聚区的凤凰光伏、中盈化肥两家工业企业的年用电量大约为 9 亿度，而整个滑县年用电量才 20 亿度，两大企业占了滑县将近一半的用电量，该比例在巩义、永城等重工业化的县域比例会更高。这样的制度安排虽然降低了县域大企业的用电成本，但使得这一部分电力的税收直接上缴到省辖市，造成用电区域与缴税区域不匹配，违背了税收属地化征管的原则。

第三，管理体制不顺，基础设施投资不足。县级供电公司是独立的企业法人，实际上却由省辖市供电公司代管，主要领导由市级供电公司下派。这样的一种制度安排在农电发展的初期具有非常积极的作用，但是随着经济体制改革的深入以及市场经济的发展，代管体制逐步暴露了资产产权不清、投融资渠道不畅、管理体制不顺、农村电网建设速度与用电需求增速不适应等问题，迫切需要从根本上深化改革，形成城市电网与农村电网一体化发展的新格局。

（二）银行系统

县级银行系统虽然都与省级分行进行了不同程度的对接，但由于各方面的原因，没有取得实质性的进展。目前，直管县（市）银行系统的改革力度与对直管县（市）金融体制改革的要求之间还有很大的差距。各直管县（市）银行仍处于省辖市二级分行的领导下，业务办理上需要经过省辖市分行报送至省分行，在体制上没有根本性的变化。

目前银行对贷款额度的发放一般是以省辖市为总体打包发放的，而省辖市分行一般位于省辖市市区，省辖市出于非经济目的使资金的配置形成了一种政策性偏好。课题组在永城市的调研中了解到，浦发银行、郑州银行等最初是想绕过商丘市直接在永城市设立分支机构，但是各方力量博弈的结果最终导致其只在商丘市设立分支机构。再如，农信社对商丘地区每年安排大概 40 亿元的信贷资金，永城市只分到了 6 亿元，不管是经济总量还是农业发展状况，这一蛋糕切法很明显违背经济现实。

三　政策建议

（一）电力系统

为了与省直管县体制对接，电力系统的改革应该分为以下三个步骤：第一，资产上划是实现电力系统垂直管理的前提条件，省发改委应该会同省电力公司尽快完成资产上划工作，同时要破除原有的趸售电价体制。第二，在资产上划的基础上，进一步实现由省供电公司直接管理直管县（市）电力公司，完全与省直管县体制相对应。第三，在电力系统实现省直管以后，全省电力系统呈现"一张网、全覆盖"的格局，因此原有县级耗电大户的电力供给主体从原省辖市供电公司转移至县（市）供电公司，供电体制真正实行属地化管理。在实际操作过程中，可能会受到来自省辖市的压力，但是有压力不能成为停止改革的借口，反而可以印证进一步深化改革的紧迫性。

（二）银行系统

为了与省直管县体制对接，银行系统至少有以下三种对接模式。

第一种模式：县级支行升格为和省辖市分行具有同等权限的分行，这与省直管县管理体制改革的目的——赋予直管县（市）与省辖市同等的经济社会管理权限的内涵相一致。国有大型商业银行在发达区域大多对该模式进行了有益的尝试：2009年9月2日，中国建设银行义乌支行升格为二级分行，是中国建设银行基于经济区划在全国县域层面成立的首家二级分行；2010年7月29日，中国工商银行义乌支行升格为二级分行，成为全国工行系统首家县域二级分行；2011年8月29日，中国建设银行昆山分行成立，成为江苏省金融系统内首家升格为二级分行的县级支行。该模式无疑将使得县级分行拥有比县级支行大得多的业务权限、更多的资源配置权及更优的流程效率。但是河南省现有的直管县（市）既有产粮大县，又有资源型大县、工业大县等，直管县（市）的确定也并不完全遵循经济效率原则，各地实际情况千差万别。而银行毕竟是企业，是企业就要追求利润最大化，忽略直管县（市）经济水平的差异性而简单地进行支行升格很明显会违背市场化原则。因此，在具体的实施过程中，可以分层次、分步骤推进，具备条件的直接升格为二级分行，还不具备条件的则赋予县级支行准二级分行的经济管理权限，可以借鉴义乌经验，对直管县（市）的支行实施"计划单列""省行单列管理""省行强县支行"等一系列改革。

第二种模式：在省级分行内设部门中增设直管县（市）事务部，该事务部统筹与直管县（市）的对接工作。通过这样的制度安排，原有的和省辖市的关系全部转移至该事务部，该事务部根据直管县（市）的实际情况，对县级支行进行业务指导和管理。

第三种模式：在以上两种模式行不通的情况下，短期内可以考虑在原有的制度框架下寻找解决办法，具体的做法是直管县（市）支行行长可以兼任原省辖市分行的副行长。这样至少能在省辖市层面部分地考虑直管县（市）的利益诉求，尽可能地把不利因素降到最少。

（执笔：张建秋）

参考文献

河南省人民政府办公厅：《关于推进省直管县（市）经济社会加快发展的意见》，2014。

河南省人民政府：《关于深化农电体制改革的指导意见》，2013。

中央全面深化改革领导小组：《关于县以下机关建立公务员职务与职级并行制度的意见》，2014。

《中央编办研究中心陈喜生：对目前省直管县体制的五点思考》，http：//theory. people. com. cn/GB/49154/49369/8795486. html，2009 年 2 月。

江苏省社科联课题组：《关于深化省直管县体制改革的几点建议》，《决策参阅》2013 年第 9 期。

河南省委、省政府：《河南省深化省直管县体制改革实施意见》，2013。

王雪丽：《目标、条件与路径："省直管县"体制改革研究》，南开大学，2013。

后　记

近年来，为适应市场经济和城镇化发展的要求，按照社会治理体系现代化的思路，以扩权为切入点，我国逐步确立了省直管县的改革方案。河南省是此项改革的积极推动者和践行者，在全国首批推出的 30 个试点县（市）中，河南省占了 10 个，走在了全国的前列，为总结经验、探索问题、完善思路，为省直管县改革的全面铺开奠定基础，中共河南省委书记郭庚茂提出，将省直管县作为专门课题进行系统研究，并由河南省机构编制委员会办公室委托河南大学来做。河南大学组成了由校长娄源功教授牵头的课题组，分成两个项目分别进行研究。其中的"市县并立、减少行政层级制度框架设计"项目由我负责，并从经济学院、工商管理学院和哲学与公共管理学院抽调部分青年骨干教师组成课题组。

研究从 2014 年 11 月初启动，大体经历了四个阶段：第一阶段，由我拟定提纲，经过课题组全体成员充分讨论，确定了七个各自相对独立又在整个逻辑结构中保持内在联系的分报告。由李有学、刘涛、陈少克、谢周亮、马翠军、崔会敏、张建秋七位成员分别负责研究和分报告初稿的撰写。刘素姣负责追踪各个分报告研究的进展情况，及时提炼、总结和归纳各专题的内容，形成简化的总报告，既方便与课题组及省编办交流，又方便小组内部的沟通，保持观点的协调和逻辑的一致。第二阶段则是实地调查。在集中召开全省10个试点县（市）座谈会的基础上，我们选择了永城、巩义和滑县三个具有代表性的县份，先后赴当地调查研究，召开座谈会，听取相关部门汇报，与县（市）主要领导深入交流，实地查看城镇建设和产业发展情况，取得了大量第一手资料，利弊得失都清晰地浮现出来，可谓一览无余，问题及出路也渐渐有了共识。这为我们各分报告的撰写奠定了坚实的基础。第三阶段就是分头撰写分报告。第四阶段是集中讨论，反复推敲，修改定稿。各阶段前后相续，紧密链接，环环相扣，紧张有序，合作顺利，效率极高，前后历时三个月，至2015年1月底基本完成。可以说，这是我主持过的相关课题中质量和效率最令人满意的成果。

本项研究成果的内容可以概括为如下三个板块。

第一板块为对国内外行政区划设置演变规律的分析。该部分首先对中国行政区划演变的历史进行了详细梳理，总结了中国行政层级的设置是功能导向型的，政府层级的设置是由政府不同时期的主要职能决定的，但无论层级多少，县作为基层的政府层级都是稳定存在的，郡县制以来从未被取消过。然后对国外主要发达国家的行政区划设置进行了分析，发达国家地方政府层级一般为两级，政府层级划分主要考虑公共服务提供的便捷性与高效性，其目标的实现是以政府间事权明晰、财权与事权相匹配为基础的。

第二板块为对市县并立的直管县改革成效与问题的分析。省直管县改革在试点县（市）取得了显著成效，如行政效率和干部素质明显提高，县级可支配资源尤其是财力大幅增加，县级自主权增大，决策更加切实、科学，城市面貌明显改善，等等。在肯定成效的同时，更应该重视这一复杂改革过程中出现的问题。这里主要对直管县干部交流渠道堵塞问题，行政机构设置与运行中资源、平台与任务不匹配问题，财政管理体制方面不同政府层级间财权与事权不匹配问题，直管导致的县级公检法系统与原所属省辖市资源共享机制割裂问题，以及垂直管理部门协调与对接问题等进行了重点论述。

第三板块为市县并立体制的制度框架设计。为了促进市县并立的省直管县改革在河南省顺利推进，保障达到改革预期效果，本部分针对省直管县改革以来出现的主要问题，借鉴国内外行政层级设置的经验，设计了市县并立体制下省、市、县各层级政府既相互独立又协同发展的制度框架。过渡时期的制度框架主要包括：直管县干部交流与管理的方案设计，原省辖市范围内公共资源共享机制构建，垂直管理部门的省县对接与工作协调方案设计，以及省直工委集中处理和协调省直管县工作方案设计。长期制度框架则主要包括三个方面：一是通过县域合并、内化、直管、保留市辖县等方式塑造完善的市县并立的行政层级体制；二是在省级政府与市县级政府事权划分合理、明晰的基础上，通过省以下分税制改革，建立省级、市县级政府间财权与事权相匹配的财政管理体制和基于政府间契约的公共资源区域共享机制；三是按照现代化的治理理念和十八届四中全会司法改革的精神，实现直管县公检法系统人、财、物的省直管。

上述内容分属于七个分报告，并列为七章，各章撰稿人分别是李有学（第1章）、刘涛（第2章）、陈少克（第3章）、谢周亮（第4章）、马翠军（第5章）、崔会敏（第6章）、张建秋（第7章）。由刘素姣汇总各分报告的思路和观点，并加工提炼，则作为总报告放在上述分报告之前。①

本项研究能够顺利完成，首先要感谢河南省委郭庚茂书记，是他意识到了此项研究的重要性，并亲自拟定了研究专题，还在2014年12月的年度社科界专家座谈会上特别就政学两界的合作研究模式给予肯定。其次要感谢省编办的领导及相关负责同志，他们在督导相关各方、组织座谈、联络市县等方面为课题组的调查和研究工作提供了极大的便利。再要感谢永城、巩义和滑县三县（市）的主要领导，以及参加座谈和以各种方式为课题组调查研究提供帮助的同志，没有

---

① 本研究中相关专题内容也是耿明斋教授主持的国家社科基金重点项目"中西部地区承接产业转移的政策措施研究"（项目编号：09AZD024）的阶段性成果。

他们提供的丰富素材，研究成果不可能有令人满意的质量。还要感谢课题总负责人、河南大学校长娄源功教授，代娄源功教授组织协调的王发曾教授，以及同属总课题的另一项目负责人苗长虹教授等，诸位教授引导方向，纠正错误，使得本项研究少走了很多弯路。课题组成员马翠军承担了部分协调任务；张建秋兼任学术秘书，尽职尽责；刘素姣综合各方信息，并数次代表课题组向委托方汇报研究进展情况；我的硕士研究生刘琼在校订部分文稿、联络出版方面也付出了辛劳，在此一并表示感谢。

通过省直管县改革，减少行政层级，建立市县并立的体制架构，只是社会治理体系现代化的初步尝试，遇到的问题虽然复杂，但还是浅层次的。随着改革的深入，更多深层次的问题会越来越凸显。我们期待与学界同仁一道，以省直管县改革为切入点，沿着社会治理体系现代化的思路，做更系统、更深入的研究，拿出更多更有价值的成果，为中国的社会进步尽绵薄之力。

耿明斋

2015 年 5 月 31 日

图书在版编目（CIP）数据

地方治理体系现代化探索：河南省市县并立体制研究/中原发展研究院课题组著.—北京：社会科学文献出版社，2015.8

（传统农区工业化与社会转型丛书）

ISBN 978 - 7 - 5097 - 7574 - 5

Ⅰ.①地…　Ⅱ.①中…　Ⅲ.①地方政府 - 行政管理 - 研究 - 河南省　Ⅳ.①D625.61

中国版本图书馆 CIP 数据核字（2015）第 117433 号

·传统农区工业化与社会转型丛书·

地方治理体系现代化探索
——河南省市县并立体制研究

著　　者／中原发展研究院课题组

出 版 人／谢寿光
项目统筹／陈　帅
责任编辑／陈　帅

出　　版／社会科学文献出版社·皮书出版分社（010）59367127
　　　　　　地址：北京市北三环中路甲 29 号院华龙大厦　邮编：100029
　　　　　　网址：www.ssap.com.cn
发　　行／市场营销中心（010）59367081　59367090
　　　　　　读者服务中心（010）59367028
印　　装／三河市尚艺印装有限公司

规　　格／开 本：787mm×1092mm　1/16
　　　　　　印 张：20.25　字 数：197 千字
版　　次／2015 年 8 月第 1 版　2015 年 8 月第 1 次印刷
书　　号／ISBN 978 - 7 - 5097 - 7574 - 5
定　　价／79.00 元

本书如有破损、缺页、装订错误，请与本社读者服务中心联系更换

▲ 版权所有 翻印必究